高等教育自学考试融媒体配套辅导

U0501187

幼儿园组织与管理
核心考点精解

本书编写组　编

中国教育出版传媒集团

高等教育出版社·北京

图书在版编目（CIP）数据

幼儿园组织与管理核心考点精解／《幼儿园组织与
管理核心考点精解》编写组编.－－北京:高等教育出版
社,2023.3

ISBN 978-7-04-059674-8

Ⅰ.①幼…　Ⅱ.①幼…　Ⅲ.①幼儿园-组织管理
Ⅳ.①G617

中国国家版本馆 CIP 数据核字（2023）第 006537 号

YOU'ERYUAN ZUZHI YU GUANLI HEXIN KAODIAN JINGJIE

| 策划编辑　袁　畅 | 责任编辑　王江媛 | 封面设计　贺雅馨 | 版式设计　杨　树 |
| 责任绘图　黄云燕 | 责任校对　窦丽娜 | 责任印制　韩　刚 | |

出版发行	高等教育出版社	网　　址	http://www.hep.edu.cn
社　　址	北京市西城区德外大街 4 号		http://www.hep.com.cn
邮政编码	100120	网上订购	http://www.hepmall.com.cn
印　　刷	北京印刷集团有限责任公司		http://www.hepmall.com
开　　本	787mm×1092mm　1/16		http://www.hepmall.cn
印　　张	10.5		
字　　数	220 千字	版　　次	2023 年 3 月第 1 版
购书热线	010-58581118	印　　次	2023 年 3 月第 1 次印刷
咨询电话	400-810-0598	定　　价	38.00 元

本书如有缺页、倒页、脱页等质量问题,请到所购图书销售部门联系调换

版权所有　侵权必究

物 料 号　59674-00

前言

为帮助参加全国高等教育自学考试的考生更好地学习、应考,在最短的时间内掌握更多的知识,顺利通过考试,我们精心编写了这本《幼儿园组织与管理核心考点精解》。

本书根据全国高等教育自学考试指导委员会颁布的考试大纲,依照新版教材,参照最新考试题型编写而成,全面覆盖了考试大纲所要求掌握的知识点,且重点突出,从内容和形式上都保证了本书的专业性、权威性和准确性。

建议考生将本书与相应教材配套使用,通过系统性的练习,加深对该学科考试内容的理解和记忆,掌握常用解题方法和技巧,全面巩固知识点。本书每一章由教材知识思维导图、本章考核的知识点与考核要求、重难点知识精讲(穿插真题训练、知识拓展、案例呈现)、同步强化练习、参考答案及解析等部分构成。

第一部分"教材知识思维导图",为考生梳理每一章知识要点及各个知识点之间的联系,形成一个整体性的知识框架,使考生对本章内容一目了然。

第二部分"本章考核的知识点与考核要求",根据考试大纲,为考生整理了应该识记、领会、应用的内容,使考生能够以最快的速度抓住考试重点,进行有针对性的学习。

第三部分"重难点知识精讲",为考生整理了本章知识的重点及难点,将教材中复杂的理论简单化,并配有"真题训练""知识拓展""案例呈现"栏目,每道真题后都有参考答案及详细的解析,考生可以边学边做,随时查阅教材,方便省时、加深记忆。

最后两部分分别是"同步强化练习""参考答案及解析"。通过知识的应用,考生能巩固对知识点的记忆,同时能及时检测对知识点的掌握程度。

在同步强化练习及后附的模拟演练试卷中,每道练习题均附有详细的参考答案及解析,题型及难度与真题相仿,注重实战,讲求技巧,通过精准的预测、深入的要点分析、详细的解析,力求全真模拟考试,切实提高考生的综合应试能力,满足考生科学地进行自我考评的需求。

本书还配有免费数字资源,包括两套真题,扫描封面二维码,即可在线答题。

考生的成功是我们最大的心愿;考生的支持是我们最大的动力;考生的需要,就是我们努力的方向。我们诚挚希望本书能助考生一臂之力。同时,书中的不足之处敬请各位读者不吝指正。

编　者

目录

第一章
幼儿园管理概述

一、 教材知识思维导图

本章知识思维导图见图 1-1。

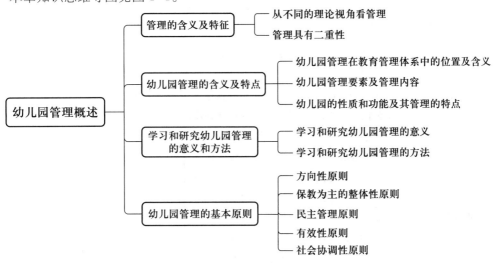

图 1-1　本章知识思维导图

二、 本章考核的知识点与考核要求

本章需识记的内容有：（1）管理的概念；（2）管理的含义；（3）幼儿园管理的含义；（4）幼儿园管理的要素；（5）管理原则；（6）幼儿园管理原则；（7）方向性原则；（8）保教为主的整体性原则；（9）民主管理原则；（10）有效性原则；（11）社会协调性原则。

本章需领会的内容有：（1）从不同视角看管理；（2）理解管理的二重性；（3）幼儿园管理的内容；（4）从对幼儿园性质和功能的探讨理解幼儿园教育的特点；（5）幼儿园管理的特殊性；（6）学习和研究幼儿园管理的意义；（7）学习和研究幼儿园管理的方法；（8）各项原则的意义以及实施应注意的问题；（9）幼儿园为什么要坚持方向性原则；（10）保教为主的

整体性原则的含义,其既是一条教育原则也是重要的管理原则;(11)贯彻民主管理的原则为什么要坚持群众路线。

本章需应用的内容有:(1)分析幼儿园具有的教育性、公益性和福利性;(2)制订一份学好本门课程的计划;(3)能够运用案例法收集 2~3 例幼儿园管理的案例;(4)举例说明园长坚持正确办园方向的重要性;(5)在幼儿园管理中如何树立正确的教育质量观、效益观;(6)如何将"以人为本"的思想在幼儿园管理中付诸实施;(7)如何在新的历史条件下勤俭办园;(8)分析一所幼儿园在管理中是怎样实施社会协调性原则的。

三、 重难点知识精讲

考点一:从不同的理论视角看管理

几种管理理论或学派对管理的解释,见表 1-1。

表 1-1　管理的多种解释

理论名称或学派	主要观点	代表人物
职能论	泰勒:管理就是确切地知道你要别人去干什么,并使他用最好的方法去干 亨利·法约尔:管理是一种分配于领导人与整个组织成员之间的职能;管理就是实行计划、组织、指挥、协调和控制	泰勒(科学管理之父)、亨利·法约尔
目的论	管理就是由一个或更多的人来协调他人活动,以便收到个人单独活动所不能收到的效果而进行的各种活动	—
过程论	管理就是计划、组织和控制等活动的过程	—
人际关系学派	强调管理的核心是对人的管理,管理就是指导别人、激励别人的方法和技术	—
决策论	可以把决策的制定当作管理的同义词。决策贯穿管理的全过程,包括确定目标和实现目标的手段两方面	赫伯特·亚历山大·西蒙
系统论	管理就是对系统进行调节,即通过管理有限相应的系统,使之与客观要求相一致	阿凡纳西耶夫
马克思主义管理理论	管理是社会共同劳动的产物	马克思

注:"—"表示该内容不需要掌握,故省略。

【真题训练】

1. (2021.10)[①](单项选择题):强调管理的核心是对人的管理,管理就是指导别人、激励

---

① 2021.10 指本题为 2021 年 10 月考试真题。

别人的方法和技术。持这种观点的是( )。

A. 目的论 　　　　　　　　　　B. 决策论

C. 人际关系学派 　　　　　　　　D. 经验主义学派

【答案】C

【解析】人际关系学派——行为科学学派主张管理就是协调人际关系,激发人的积极性,以达到共同目标的一种活动。后发展为人本管理学派,强调管理的核心是对人的管理,管理就是指导别人、激励别人的方法和技术。

2.(2021.4)(单项选择题):现代管理学派的代表西蒙提出的管理理论是( )。

A. 系统论 　　　　　　　　　　B. 目的论

C. 决策论 　　　　　　　　　　D. 过程论

【答案】C

【解析】赫伯特·亚历山大·西蒙提出了决策论,他认为可以把决策的制定当作管理的同义词。决策贯穿管理的全过程,包括确定目标和实现目标的手段两方面。

考点二: 管理的概念

管理是指组织中的管理者遵照一定的原则,使用各种管理手段,通过组织、指挥、协调各个受分工制约的不同个人的活动,创造出一种远比个人活动力量总和要大的集体力量或社会力量,从而高效率地达到一个组织的预定目标所进行的活动。

考点三: 管理的含义及管理的二重性

(一) 管理的含义

(1) 管理是社会共同劳动的必然要求。

(2) 管理是在社会组织中进行的。

(3) 管理活动都必然有目标。

(4) 管理的本质是追求效率。

(5) 管理是对有限资源的开发和组合。

资源泛指社会财富的源泉。它既包括自然资源,也包括社会资源。

(6) 管理是在特定环境下进行的。

环境可分为两人类:一类是一般环境,包括自然环境和社会环境;另一类是特殊环境,主要指组织内部环境,或称工作环境。

(二) 管理具有二重性

管理的二重性是马克思主义对管理本质的揭示,具体指管理的自然属性和社会属性。见表1-2所示。

表1-2　管理的二重性

二重性	具体内容	表现
自然属性	反映了人与自然的关系,它与生产力相联系,是为了组织共同劳动而产生的,体现了生产协作过程本身的要求	管理具有合理组织生产力(指挥劳动、协作劳动)的职能
社会属性	会随生产关系的变化而变化,管理总是同生产关系、社会制度相联系的	维护和发展生产关系与上层建筑的管理职能,受历史文化传统的影响与制约

【真题训练】

(2019.10)(单项选择题):管理具有二重性,是指管理的自然属性和(　　)。

A. 历史属性　　　　　　　　　　　B. 人文属性

C. 教育属性　　　　　　　　　　　D. 社会属性

【答案】D

【解析】管理具有二重性,是指管理的自然属性和社会属性。

考点四: 幼儿园管理的含义

幼儿园管理,是指幼儿园管理人员和有关教育行政人员遵循一定的教育方针和保教工作的客观规律,采用科学的工作方式和管理手段,将人、财、物等各因素合理组织起来,调动各方面的积极性,优质高效地实现国家所规定的培养目标和幼儿园工作任务所进行的各种一般职能活动。

考点五: 幼儿园管理要素及管理内容

(一) 幼儿园管理要素

人、财、物是幼儿教育事业的物质资源。其中,人是具有能动性的物质资源,财、物等非能动性的物质资源只有由人来掌握、支配和使用,才能够发挥作用。在人、财、物这三项基本要素中,人的要素是最重要的。管理特别要注重做好人的工作。

除此之外,幼儿园管理的资源性要素还包括时间和信息。

(1)"时间是最稀有的资源",组织的管理总是在一定的时间进程中进行的。

(2)信息也是一种客观存在,指一切可传递和交换的知识内容,是重要的管理资源。

【真题训练】

1.(2022.4)(单项选择题):在幼儿园管理的基本要素中,最重要的是(　　)。

A. 物　　　　　　　　　　　　　　B. 财

C. 人　　　　　　　　　　　　　　D. 时间

【答案】C

【解析】在人、财、物这三项基本要素中,人的要素是最重要的。管理特别要注重做好人的工作。

2.(2020.8)(多项选择题):幼儿园管理的资源性要素除了人、财,还包括(　　)。

A. 时间
B. 空间
C. 物
D. 信息
E. 地点

【答案】ACD

【解析】幼儿园管理的资源性要素除了人、财、物,还包括时间和信息。"时间是最稀有的资源",信息也是一种客观存在,是重要的管理资源。

(二)幼儿园管理的主要内容

见表1-3。

表1-3　幼儿园管理的主要内容

主要方面	具体内容
幼儿园行政管理	包括制定幼儿园的行政组织与管理制度、制定工作目标与行政计划等管理职能活动,以及幼儿园的环境创设、卫生保健、经费运转等总务后勤工作
幼儿园的保教工作管理	包括幼教机构的保教工作管理和班级管理
人员管理	一方面是作为工作主体的教师队伍建设,包括教师个体的专业成长与幼儿园组织的发展,另一方面是作为管理者的园长及其领导工作
幼教机构与家庭、社区的关系	园所的家长工作,以及幼儿教育机构与社会、社区环境的协调融合,双向互动与服务,并涉及托幼机构与教育行政等方面的关系

考点六:幼儿园的性质和功能及其管理的特点

(一)幼儿园性质和功能的探讨

1. 幼儿园兼具教育性和保育性

保育和教育幼儿是幼儿园的主要功能,也是幼儿园的首要任务。我国第一所公共幼儿教育机构1903年在湖北诞生,当时的清政府颁发的《奏定蒙养院章程及家庭教育法章程》中,就明确了教育的目的。

2010年发布的《国家中长期教育改革和发展规划纲要(2010—2020年)》中提出:"遵循幼儿身心发展规律,坚持科学保教方法,保障幼儿快乐健康成长"。《国务院关于当前发展学前教育的若干意见》也明确指出:"必须坚持科学育儿,遵循幼儿身心发展规律,促进幼儿健康快乐成长。"

2. 幼儿教育具有福利性

幼儿园将服务家长,为家长参加社会劳动和生产建设、学习活动提供便利作为重要任务,这体现了幼儿教育的福利性。

【案例呈现】

　　小杨是一位刚从大学毕业的幼儿园教师,她很喜欢幼师这个职业,也很喜欢孩子们,为了做好自己的工作,她花了大量的心思为孩子们布置温馨的环境、创设功能多样的活动区、精心准备每一个活动……孩子们也非常喜欢这个漂亮温柔的小杨老师。可是有一个难题一直困扰着小杨,那就是幼儿家长经常会在接送孩子时,或者在班级微信群里问她各种各样的问题,有时候让小杨觉得疲惫不堪。有一次,当小杨向老教师王老师倾诉她的苦恼时,有着丰富教学经验的王老师耐心地告诉她,与家长交流是幼师必备的能力,为家长服务也是幼儿园的重要任务。在王老师的讲解下,小杨觉得受益匪浅,并暗下决心以后要更加耐心地为家长答疑解惑。

　　(来源:张颖慧,林淑苹,尤红梅. 幼儿教育学基础[M].石家庄:河北科学技术出版社,2018.)

3. 幼儿教育的公益性与服务性

公益指不特定的多数人的利益。这意味着幼儿教育是涉及每一个儿童及其家庭的事业,而不应仅仅为少数人享有和受益,幼儿教育还要能够促进家庭模式的转型并为家庭提供育儿支援。

发展学前教育,必须坚持公益性和普惠性,努力构建覆盖城乡、布局合理的学前教育公共服务体系,保障适龄儿童接受基本的、有质量的学前教育。

4. 幼儿教育的补偿性

近年来,各地普遍建立了学前教育资助制度,这在一定程度上体现了学前教育的补偿性。

5. 幼儿教育具有社会参与性

办园主体多元化,办学资源多渠道化,办园品质特色化是幼儿教育发展的重要趋势。幼儿教育具有社会参与性。《民办教育促进法》中规定,"社会参与"是指:国家机构以外的社会组织或者个人,利用非国家财政性经费,面向社会举办学校及其他教育机构的活动。实际上这也是界定公办教育与民办教育的法定标准。

在"学前教育三年行动计划"实施中,政府一方面加大公办园的建设,另一方面提出扶持办学质量较高的普惠性民办幼儿园。在"第二期学前教育三年行动计划"实施中,明确提出积极扶持普惠性民办幼儿园。

坚持公办园、民办园并举的办园方针符合中国国情,既体现了国家对学前教育发展的高度重视,又充分发挥了市场在资源配置中的重要作用,可有效地推动我国学前教育的普及与提高。

【知识拓展】

普惠性民办幼儿园

随着城乡入园率的不断提升,学前教育保障水平已跟不上发展的速度,优质学前教育资源有限,公益性、普惠性学前教育资源短缺,学前教育质量不高等问题开始逐步凸显。在当前学前教育资源已基本满足幼儿"有园入"需求的基础上,如何进一步提高学前教育的普及程度,提供兼具公益性、普惠性、有质量的学前教育公共服务,成为教育行政部门及学前教育工作者的重要任务。学前教育发展将更关注公共教育资源的合理分配,通过政府统建、购买服务、租金减免、经费补贴等方式扶持面向大众、质量达标、收费较低的普惠性幼儿园发展,不仅满足户籍人口的入园需求,而且努力实现学前教育对常住人口的全覆盖。同时,学前教育质量提升成为重点,通过加强教师培养培训、向民办园派驻公办园长和教师,对公办、民办幼儿园加强教研引领等方式,逐步提升幼儿园办园水平,满足人民群众对优质学前教育的迫切需求。

(来源:李卓.改革与发展 学前教育若干热点问题研究［M］.沈阳:辽宁人民出版社,2018.)

6. 幼儿教育的衔接性

幼儿教育是终身教育的起始阶段,也是国民教育体系的第一环,具有基础性和启蒙性;同时它又与小学教育相联系,具有衔接性和准备性。

对幼儿进行入学准备教育,不是单纯的知识与技能的准备,而是通过开展丰富的教育活动和游戏活动,引导幼儿积累社会经验,从情感、态度、知识、技能、行为习惯等方面全方位地为幼儿进入小学做好准备,全面提升幼儿心理素质和学习品质,以更好地适应未来学校生活。

(二) 幼儿园管理的特殊性

(1) 保教儿童与服务家长兼顾。

教养儿童与服务家长兼顾是幼儿教育不同于其他阶段教育的特点,也是幼儿园管理与其他管理活动的最大区别。

一方面,幼儿园是我国国民教育体系的一部分,但其又明显地不同于小学、中学,幼儿身心发展的特殊性决定了幼儿教育的特殊性,幼儿园的孩子不是严格意义上的学生,对他们需要保育与教育并行,以游戏为基本活动。另一方面,幼儿教育的福利性决定了幼儿园要为家长提供育儿服务。

幼儿园管理要依据幼儿教育的特殊性,实施和探索相应的管理方式和方法,以提高保教质量和为家长服务的水平,办人民满意的幼儿园。

① 坚持保教合一,全面提高保教质量。

② 幼儿园要为家长参加工作、学习提供便利条件。

③ 管理的特殊性不仅表现在管理的任务目标上,也体现在管理内容的特殊性上。

（2）注重综合协调,强调管理的社会化。

幼儿园的管理不可能仅仅靠教育行政部门,还需要将行业化管理与社会化管理相结合,纵向管理和横向联系相结合。

（3）充分挖掘并合理利用、协调多方教育资源,发挥管理效能。

【真题训练】

1.（2021.10）（单项选择题）:我国第一所公共幼儿教育机构诞生在(　　)。

A. 北京　　　　　　　　　　　　　B. 天津

C. 湖北　　　　　　　　　　　　　D. 上海

【答案】C

【解析】我国第一所公共幼儿教育机构 1903 年在湖北诞生。

2.（2020.8）（单项选择题）:"遵循幼儿身心发展规律,坚持科学保教方法,保障幼儿快乐健康成长"这句话出自(　　)。

A.《国务院关于当前发展学前教育的若干意见》

B.《国家中长期教育改革和发展规划纲要（2010—2020 年）》

C.《幼稚园课程标准》

D.《儿童权利宣言》

【答案】B

【解析】《国家中长期教育改革和发展规划纲要（2010—2020 年）》中提出"遵循幼儿身心发展规律,坚持科学保教方法,保障幼儿快乐健康成长"。

3.（2021.10）（简答题）:幼儿园管理的特殊性表现在哪些方面?

【答案】（1）保教儿童与服务家长兼顾。

（2）注重综合协调,强调管理的社会化。

（3）充分挖掘并合理利用、协调多方教育资源,发挥管理效能。

考点七：学习和研究幼儿园管理的意义

（1）学习和研究幼儿园管理是幼教事业发展的客观需要。

（2）学习和研究幼儿园管理是改革幼儿教育、全面提高保教质量的需要。

（3）学习和研究幼儿园管理是探索规律、发展学前教育管理理论的需要。

（4）学习和研究幼儿园管理是提高人才素质和管理水平的需要。

考点八：研究幼儿园管理的基本方法

1. 调查法

调查法是指在幼儿教育理论的指导下,运用观察、列表、问卷、个案研究及测验等科学方式,收集幼儿园管理问题的资料,从而对幼儿园管理的现状做出科学的分析,并提出具体工作建议的一整套实践活动。根据调查对象的范围不同,有全面调查和抽样调查之分。

2. 文献法

文献法是通过研究已有的文献资料,来解决和研究有关幼儿园管理问题的一种方法。这是一种间接研究的方法。通过收集有关的文献资料并加以归纳、分析和比较,发现幼儿园管理中的一些规律。文献法包括纵向历史文献研究和横向的不同地域(国家间、地区间、校际)的文献研究。

3. 行动研究法

行动研究法是通过实践者自身的实践进行的一种研究方法。就幼儿园管理而言,行动研究是指幼儿教育的理论工作者、幼儿园管理的研究人员或实践人员(通常是指园长),立足幼儿教育的现场,直面幼儿园管理中的现实问题,进行研究探索,实现实践行动与研究的相互反馈和相互促进,谋求管理实践的改进。

4. 案例法

案例法是将管理中出现的一些常见问题、矛盾或典型经验编写成案例,供研究者进行分析和讨论,主要目的在于理论联系实际,增强研究者分析问题和解决问题的能力。

【真题训练】

1.(2021.10)(单项选择题):通过实践者自身的实践进行研究的一种方式被称为( )。

A. 文献法   B. 行动研究法

C. 调查法   D. 案例法

【答案】B

【解析】行动研究是通过实践者自身的实践进行的一种研究方法。

2.(2021.4)(单项选择题):通过收集已有的相关资料并加以归纳、分析和比较,发现幼儿园管理中的一些规律的研究方法是( )。

A. 行动研究法   B. 调查法

C. 案例法   D. 文献法

【答案】D

【解析】文献法是通过研究已有的文献资料,来解决和研究有关幼儿园管理问题的一种方法。通过收集有关的文献资料并加以归纳、分析和比较,发现幼儿园管理中的一些规律。

考点九:管理原则和幼儿园管理原则的概念

(一)管理原则的概念

管理原则是指导管理工作的行动准则。

(二)幼儿园管理原则的概念

幼儿园管理原则是指为实现幼儿园的工作目标,正确处理管理过程中一系列矛盾、关系或问题的指导原则,是对幼儿园管理系统提出的基本要求,是幼儿园管理活动必须遵循的原则。

考点十:幼儿园管理的基本原则

见表1-4。

表1-4　幼儿园管理的基本原则

基本原则	内涵	意义	需注意的问题
方向性原则	举办幼儿园要以社会效益为根本,以满足社会需要为出发点。方向性原则是幼儿园管理的首要原则	坚持方向性原则,可以促进教育对象体、智、德、美全面发展	(1)明确培养目标,树立正确的办园指导思想 (2)办园宗旨和优良园风建设
保教为主的整体性原则	幼教机构是一个系统、一个整体,是由相互作用、相互依赖的各个部分结合而成的具有特定功能的有机整体。而保教工作处于整个系统的中心,管理上要从实现整体目标出发,全面规划,统一指挥,合理组合幼儿园各个部门、各种因素、各个层次的力量,充分发挥整体效能,以达到最佳的管理效果	幼儿园保教为主的整体性原则可以指导我们正确处理园所管理工作中整体与局部利益、主要矛盾与次要矛盾、中心工作与其他工作、教育与管理等多种错综复杂的关系	(1)树立全局观念,强化整体意识 (2)保教为主,全面安排
民主管理原则	在幼儿园管理中,要处理好完成工作任务和关心人的关系,同时要处理好管理者、领导者与管理对象即广大教职工的关系,调动全园各类人员的积极性,发挥管理的激励机制,以较好地实现幼儿园的任务目标	坚持民主管理原则,可以发挥领导者和管理者的积极性,可以调动和发挥广大群众的积极性,还可以尊重教职工的民主权利,确保他们能够参与幼儿园的管理工作	(1)树立群众观点,坚持群众路线 (2)在组织上为群众参与管理创造条件

续表

基本原则	内涵	意义	需注意的问题
有效性原则	幼儿园管理要在正确的目标指导下,通过科学管理,合理组织幼儿园的人力、物力、财力等资源,充分挖掘潜力,讲究经营,高质量、高效益地实现培养目标,完成幼儿园的双重任务	坚持有效性原则可以提高效率,可以用最小的投入创造出更多的经济效益和社会效益,为社会做出贡献	(1) 树立正确的教育质量观、效益观 (2) 建立合理的组织与制度,使幼儿园工作规范化、程序化 ① 建立和完善组织机构 ② 要建立健全以岗位责任制为核心的各项规章制度 ③ 强化幼儿园工作的计划性和程序性 (3) 有效组织和利用资源,实现经济效益优化 ① 人力资源的有效利用 ② 勤俭办园,提高物力与资金的利用率 ③ 合理有效地利用时间和信息
社会协调性原则	幼儿园是社会的一个组成部分,其机构管理要注重与社会的联系,通过协调与沟通,充分利用有利条件,尽力排除不利因素,在内外各方面因素相互作用与影响下,不断提高保教工作质量和管理水平,面向社会,开拓发展		(1) 正确认识组织与环境的关系,树立面向社会办园思想 (2) 增强联系,搞好协调,实现双向互动 ① 幼儿园与主办部门和上级教育行政部门的沟通协调 ② 多与其他幼教机构的同行及相关研究单位交流、研讨,相互学习、支持 ③ 与家长的沟通与协调 ④ 与所在社区的沟通与融合

【思考】

1. 幼儿园为什么要坚持方向性原则?

《幼儿园工作规程》指出,幼儿园担负着保育教育幼儿和为家长服务的双重任务,这是对幼儿园性质和任务的规定,是幼教机构的工作方向。坚持方向性原则是保证双重任务完成的重要保证。

2. 贯彻民主管理的原则为什么要坚持群众路线?

搞好幼儿园管理既是领导者、管理者的事,也需要广大教职工参与其中,因此,管理工作必须依靠全体教职工,实行民主管理,调动教职工关心参与事业的积极性。管理者要深入群众,注重倾听他们的意见,集中群众智慧和力量;要增强服务意识,为教职工的发展创造条件,使教职工能够结合工作实践参加教研培训,不断改进工作效果,实现个体与整个队伍素质的提升。

【真题训练】

（2020.8）（多项选择题）：幼儿园管理的基本原则有（   ）。

A. 方向性原则

B. 保教为主的整体性原则

C. 民主管理原则

D. 有效性原则

E. 社会协调性原则

【答案】ABCDE

【解析】依据教育与管理规律，教材中提出幼儿园管理的五条基本原则：办园方向性原则、保教为主的整体性原则、激发积极性的民主管理原则、有效性原则与内外协调的社会协调性原则。这五条基本原则相互紧密联系，共同作用于幼儿园管理活动，在总体上对园所工作起指导作用。

四、 同步强化练习

（一）单项选择题

1. 古典管理学派中被称为"科学管理之父"的是（   ）。

A. 法约尔

B. 泰勒

C. 西蒙

D. 杜威

2. 管理的本质是（   ）。

A. 确定目标

B. 实现结果

C. 重在过程

D. 追求效率

3. 管理具有合理组织生产力的职能的属性是（   ）。

A. 历史属性

B. 社会属性

C. 地理属性

D. 自然属性

4. 我国的办园方针是（   ）。

A. 公办民办并举

B. 公办为主，民办为辅

C. 民办为主，公办为辅

D. 大力发展民办

（二）多项选择题

1. 我国幼教事业的管理原则包括（   ）。

A. 地方负责

B. 分级管理

C. 行业化管理

D. 有关部门分工负责

E. 中央统筹

2. 研究幼儿园管理的基本方法有（   ）。

A. 调查法

B. 自然实验室法

C. 行动研究法

D. 案例法

E. 文献法

（三）名词解释题

1. 幼儿园管理

2. 行动研究法

3. 民主管理原则

（四）简答题

1. 简述幼儿园管理的主要内容。

2. 简述幼儿园的性质和功能。

（五）论述题

1. 试述幼儿园管理贯彻方向性原则要注意的问题。

2. 试述幼儿园管理贯彻有效性原则要注意的问题。

（六）案例分析题

案例：某幼儿园的园长会定期将幼儿园的工作计划向主管部门报告，主管部门会根据幼儿园的工作计划安排给予适当的人力、物力、财力支持。幼儿园和主管部门之间的合作非常融洽。幼儿园会定期组织家长学习班，聘请家庭教育方面的专家为家长解决家庭教育中遇到的问题，提供适宜的家庭教育指导方法等，受到了家长的热烈欢迎。家长们谈到，幼儿园教师安排的工作他们都会予以积极配合。另外，针对幼儿园所在社区中的老年人较多的现状，幼儿园经常组织小朋友走进社区，开展关爱老人的一些公益活动。社区管委会的负责人说，幼儿园的孩子们已经成为整个社区情感联结的纽带。

问题：案例中，幼儿园管理贯彻了哪项原则？如何落实该原则？

五、参考答案及解析

（一）单项选择题

1.【答案】B

【考点】管理学派及代表人物

【解析】古典管理学派中被称为"科学管理之父"的是泰勒，他曾提出："管理就是确切地知道你要别人去干什么，并使他用最好的方法去干。"

2.【答案】D

【考点】管理的含义

【解析】管理的本质是追求效率，马克思指出："单个劳动者的力量的机械总和，与许多人手同时完成同一不可分割的操作……所发挥的社会力量有本质的差别……这里的问题不仅是通过协作提高了个人生产力，而且是创造了一种生产力。"

3.【答案】D

【考点】管理具有二重性

【解析】管理的自然属性，表现为管理具有合理组织生产力（指挥劳动、协作劳动）的职能。管理的这一职能或属性是任何社会制度下都存在的。这种合理有效的"指挥劳动"，可以使有限资源最大限度地发挥作用,具有"放大倍率"的作用。

4.【答案】A

【考点】幼儿园性质和功能的探讨

【解析】坚持公办园、民办园并举的办园方针符合中国国情,既体现了国家对学前教育发展的高度重视,又充分发挥了市场在资源配置中的重要作用,可有效地推动我国学前教育的普及与提高。

（二）多项选择题

1.【答案】ABD

【考点】幼儿园管理的特殊性

【解析】长期以来,我国幼教事业管理实行"地方负责,分级管理,有关部门分工负责"的原则,但因幼儿教育属非义务教育,没有纳入地方经济社会发展的规划中,缺乏财政支持,在相当长的一段时间内,幼儿园的发展依靠市场化来运作。

2.【答案】ACDE

【考点】学习和研究幼儿园管理的方法

【解析】研究幼儿园管理的基本方法有:调查法、文献法、行动研究法、案例法。

（三）名词解释题

1. 幼儿园管理,是指幼儿园管理人员和有关教育行政人员遵循一定的教育方针和保教工作的客观规律,采用科学的工作方式和管理手段,将人、财、物等各因素合理组织起来,调动各方面的积极性,优质高效地实现国家所规定的培养目标和幼儿园工作任务所进行的一般职能活动。

2. 行动研究法是通过实践者自身的实践进行的一种研究方法。行动研究是指幼儿教育的理论工作者、幼儿园管理的研究人员或实践人员(通常是指园长),立足幼儿教育的现场,直面幼儿园管理中的现实问题,进行研究探索,实现实践行动与研究的相互反馈和相互促进,谋求管理实践的改进。

3. 民主管理原则是指在幼儿园管理中,要处理好完成工作任务和关心人的关系,同时要处理好管理者、领导者与管理对象即广大教职工的关系,调动全园各类人员的积极性,发挥管理的激励机制,以较好地实现幼儿园的任务目标。

（四）简答题

1. 幼儿园管理涉及四方面的内容。

（1）幼儿园行政管理。

（2）幼儿园的保教工作管理。

（3）人员管理。

（4）幼教机构与家庭、社区的关系。

2.（1）幼儿园兼具教育性和保育性。

（2）幼儿教育具有福利性。

（3）幼儿教育的公益性与服务性。

（4）幼儿教育的补偿性。

（5）幼儿教育具有社会参与性。

（6）幼儿教育的衔接性。

（五）论述题

1. 贯彻方向性原则要注意的问题：

（1）明确培养目标，树立正确的办园指导思想。

幼儿园管理者要深刻理解并引导教职工明确幼儿园的培养目标，在此基础上，提出正确的办园目标和指导思想。要认真思考为谁服务，培养什么样的人，办什么样的幼儿园等问题。兴办幼儿园一定要以教育效益、社会效益为根本，要从有利于儿童的健康和发展，即从教育目标的实现和满足人民群众的需要出发，做好幼儿园的工作。对一些幼教机构在完成双重任务和培养目标方面存在的偏差，如重教轻保、重智轻德、重智轻体，教育教学"小学化"以及加重儿童负担等倾向都应该有一个清醒的认识，而不应盲目跟风。要自觉抵制和消除经济体制转型期出现的一些负面效应，坚持正确的办园指导思想。

（2）办园宗旨和优良园风建设。

幼儿园作为教育机构是培养人的场所，是建设社会主义精神文明的阵地。完成双重任务，教育好孩子，服务好家长，直接体现出幼儿园的办园宗旨和精神风貌。幼儿园管理者要引导全园教职工明确教育培养目标，以正确而富有感召力的办园目标统一全体教职工的意志与步调，同时要通过强化师德教育，建设优良园风，提高教职工素质，激发全园教职工为实现全面育人目标、完成双重任务而同心同德、奋发努力。

2. 贯彻有效性原则要注意的问题：

（1）树立正确的教育质量观、效益观。

幼儿园以育人为目的，管理者一定要树立正确的人才观、教育质量观，要关注社会发展的需要，明确社会对未来人才规格的要求。衡量幼儿园管理工作效益的关键是，幼儿园培养的人才是否为社会所认可、接受，人才数量与规格是否符合社会的需求。

（2）建立合理的组织与制度，使幼儿园工作规范化、程序化。

首先，建立和完善组织机构。

其次，要建立健全以岗位责任制为核心的各项规章制度。

再次，强化幼儿园工作的计划性和程序性。

（3）有效组织和利用资源，实现经济效益优化。

幼儿园管理要注意分析所拥有的人力、物力、财力等资源，做到合理配置，有效利用。

① 人力资源的有效利用。

② 勤俭办园，提高物力与资金的利用率。

③ 合理有效地利用时间和信息。

总之，实施有效性原则，要注意人的因素，因地制宜发掘各种可能利用的资源，坚决反对和杜绝任何浪费办学资源的行为，全面提高办园的整体效益。

（六）案例分析题

（1）幼儿园管理贯彻了社会协调性原则。

（2）落实该原则应做到以下几点：

① 幼儿园应注意与主办部门和上级教育行政部门的沟通协调。例如，对国家和地方教育行政部门的幼儿教育政策等要认真学习理解并结合幼儿园实际加以贯彻执行。主动向上级行政部门提供信息和反映情况，并争取支持。

② 幼儿园注意与家长的沟通与协调。注重家长工作，加强家长与园所的联系，为家长提供帮助指导，更好地发挥家长和家庭教育的作用，实现家园共育。

③ 幼儿园注意与所在社区的沟通融合。幼儿园要考虑所在社区自然地理环境、文化经济条件、社会风俗、生活方式等特点，发挥地方优势和组织有利因素，避免消极因素，为幼儿园发展争取较好的社会环境。

④ 幼儿园和其他幼教机构的同行多交流、研讨，相互学习、支持。

（结合材料作答）

第二章
幼儿园管理过程

一、 教材知识思维导图

本章知识思维导图见图 2-1。

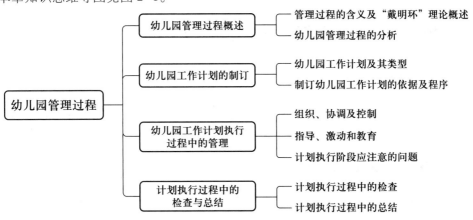

图 2-1　本章知识思维导图

二、 本章考核的知识点与考核要求

本章需识记的内容有：（1）幼儿园管理过程的概念；（2）幼儿园管理过程的四个环节（计划、执行、检查、总结）；（3）幼儿园工作计划的概念；（4）决策的概念；（5）长、中、短期计划的概念；（6）全园、部门和个人计划的概念；（7）常规工作计划和临时工作计划的概念；（8）控制的概念；（9）协调的概念；（10）定期检查和经常性检查；（11）全面检查与单项检查。

本章需领会的内容有：（1）"戴明环"管理过程理论；（2）幼儿园管理过程的含义；（3）幼儿园管理过程的特点；（4）幼儿园工作计划的含义及分类；（5）制订幼儿园工作计划的依据；（6）幼儿园工作计划制订的程序；（7）确立幼儿园工作计划的目标要求；（8）贯穿管理周期全过程的中心环节和实现目标的关键；（9）幼儿园工作计划实施过程中管理活动

的组成;(10)计划执行中组织、协调和控制的主要任务;(11)计划执行中指导、激励和教育的主要任务;(12)计划执行阶段应注意的问题;(13)检查在管理过程中的意义;(14)检查的方式多样化;(15)有效检查的基本要求;(16)计划执行中总结的意义和类型;(17)总结阶段应注意的问题。

本章需应用的内容有:(1)尝试用"戴明环"管理过程理论分析1~2所幼儿园的管理环节是否清晰,运转是否有效,问题何在,并提出解决问题的对策;(2)按照所学理论制订一份班级工作计划和个人计划;(3)分析幼儿园出现工作不到位的情况有哪些,原因何在;(4)联系幼儿园管理实际,分析计划总结过程中应注意的问题;(5)按所学要求,写一份班级保教工作总结,并请园长帮助分析与评议;(6)对所在幼儿园上一年工作总结进行全面分析,联系实际指出优点与不足。

三、重难点知识精讲

考点一:管理过程的含义及"戴明环"理论概述

(一)管理过程的含义

管理过程是指为实现预定的管理目标,管理者组织全员按计划、有步骤地进行共同活动的程序。

(二)"戴明环"管理过程理论

戴明把管理活动的过程归结为计划(plan)、实/执行(do)、检查(check)、总结(action)四个基本环节,并把这四个阶段有序地安排在圆环之中,随着圆环的不断循环,螺旋上升,管理活动也不断地向前发展。戴明把复杂的管理过程凝练地归结为"PDCA",科学地揭示了管理过程的一般规律与特点。"戴明环"管理过程理论见表2-1。

表2-1　"戴明环"管理过程

阶段名称	内容
计划阶段	管理过程的起始阶段,指确定目标和选择实施目标的方案、手段、方法、措施,是计划职能在管理过程中的体现
实/执行阶段	按照计划的要求去执行工作,用计划去指导工作的开展,这是管理过程的实质性阶段。这一环节包括组织、指挥、协调、控制、激励等一系列活动
检查阶段	对所进行的工作,按照制订的计划,加以检查、监督、纠偏和指导,对执行的工作予以有效的控制

续表

阶段名称	内容
总结阶段	回顾整个计划的实施过程,针对某一阶段、某一周期的工作进行总的分析和评价,提出下一周期的努力方向和改进内容,不断地调整管理方式,形成更为完善的工作系统,为下一个阶段的工作奠定良好的基础

【真题训练】

(2020.10)(单项选择题):"戴明环"管理过程理论把管理活动的过程归结为(　　)。

A. 计划、检查、总结、执行　　　　　　B. 计划、检查、执行、总结

C. 计划、执行、总结、检查　　　　　　D. 计划、执行、检查、总结

【答案】D

【解析】戴明对纷繁复杂的管理过程进行透彻的分析和提炼,把管理活动的过程归结为计划(plan)、实/执行(do)、检查(check)、总结(action)四个基本环节,它们构成了管理的基本过程。

考点二:幼儿园管理过程的分析

(一)幼儿园管理过程的含义

幼儿园管理过程是指幼儿园管理者根据教育原理以及管理规律,组织全园教职工,为实现幼儿发展,以保教工作为中心,按计划有步骤地进行共同活动的过程。

幼儿园管理过程的运行分为四个基本阶段:计划、实行、检查、总结。

(二)幼儿园管理过程的特点

1. 幼儿园管理过程与其他管理过程的共性

(1)目的性、程序性和整体性。

(2)相关性、渗透性和反馈性。

(3)递进性和周期性。

2. 幼儿园管理过程的个性:育人的目的性

幼儿园自身的性质和任务决定了幼儿园管理过程的个性。幼儿园管理过程的目的性是以育人为宗旨,这是与其他管理过程最大的不同点。

具体表现:

(1)必须坚持"管理育儿""教书育儿""服务育儿"。

(2)幼儿园管理过程是在幼儿园总目标的引导下,由幼儿园全体成员的观念与行为所构成的动态活动的程序。

(3)"育人"目的还具有双向互动性。

【真题训练】

1.（2022.4）（单项选择题）：幼儿园管理活动在完成一个周期之后，又继续开始下一个周期的活动，如此不断地实现计划、执行、检查、总结这四个基本环节的运转。但这种运转不是机械重复，而是螺旋式拾级而上的，这体现幼儿园管理过程具有（　　）。

A. 程序性和整体性　　　　　　　　　B. 目的性和渗透性

C. 相关性和反馈性　　　　　　　　　D. 递进性和周期性

【答案】D

【解析】幼儿园管理活动在完成一个周期之后，又继续开始下一个周期的活动，如此不断地实现计划、执行、检查、总结四个基本环节的运转。但这种运转不是机械重复，而是螺旋式拾级而上的，这体现幼儿园管理过程具有递进性和周期性。

2.（2021.10）（单项选择题）：园领导与教职工之间、教师与幼儿之间，相互促进，相互影响，管理者和被管理者双方在管理过程中逐步成长，这体现了幼儿园管理过程的"育人"目的具有（　　）。

A. 循环性　　　　　　　　　　　　　B. 单向性

C. 完整性　　　　　　　　　　　　　D. 双向互动性

【答案】D

【解析】"育人"目的具有双向互动性。园领导与教职工之间、教师与幼儿之间，相互促进，相互影响，管理者和被管理者双方在管理过程中逐步成长。幼儿的成长离不开专业化的幼儿教师，从这一角度看，园长对教师管理的目的之一就是要促进教师专业能力的提升，从而最终实现培养幼儿的根本目的。

3.（2018.10）（单项选择题）：幼儿园管理过程的各个环节，围绕着预定目标制订计划，付诸实践，这体现了幼儿园管理过程的（　　）。

A. 程序性　　　　　　　　　　　　　B. 相关性

C. 目的性　　　　　　　　　　　　　D. 渗透性

【答案】C

【解析】题干强调幼儿园管理过程的各个环节围绕着预定目标，计划目标统帅着整个过程，它是整个过程的出发点和归宿，因此体现了幼儿园管理过程的目的性。

考点三：幼儿园工作计划及其类型

（一）幼儿园工作计划的含义

在幼儿园管理中，计划就是为实现幼儿园工作任务和目标而对幼儿园工作的内容、规划、步骤、方式方法以及资源配置等的通盘预先安排和谋划。计划也是一个做出决策的过程，决策科学是保障组织目标实现的重要基础。

（二）幼儿园工作计划的分类

1. 按时间划分

按时间划分,幼儿园工作计划可分为长期计划、中期计划、短期计划。

对幼儿园工作的长远设想,指向幼儿园发展的长期目标就是长期计划。

为实现长远规划和目标而做的分阶段目标设想就是中期计划,它是长期计划的具体体现。

短期计划是中期计划的具体化,也是幼儿园日常各项活动进行的依据和基础。

2. 按覆盖范围划分

按覆盖范围划分,幼儿园工作计划可分为全园计划、部门计划和个人计划。

全园计划规定全园在计划期间要达到的目标和任务,并对各项工作提出基本要求和工作重点,对各部门、各班级工作具有指导作用。

部门计划是指依据全园工作计划制订的本部门及本班级的工作计划,并做出比较详细的安排。

个人计划是指为更好地实现全园计划和部门、班级计划而制订的教职工个人的非常详细的安排。

3. 按工作性质划分

按工作性质划分,幼儿园工作计划可分为常规性工作计划、临时性工作计划。

【真题训练】

1.（2020.8）（单项选择题）:按照时间划分,幼儿园工作的月计划属于（　　）。

A. 临时计划　　　　　　　　　　　　B. 短期计划

C. 中期计划　　　　　　　　　　　　D. 长期计划

【答案】B

【解析】短期计划是中期计划的具体化,也是幼儿园日常各项活动进行的依据和基础,包括学期—月—周—日计划。

2.（2018.4）（单项选择题）:按时间划分,幼儿园学年计划属于（　　）。

A. 长期计划　　　　　　　　　　　　B. 中期计划

C. 短期计划　　　　　　　　　　　　D. 临时计划

【答案】B

【解析】中期计划是为实现长远规划和目标而做的分阶段目标设想,是长期计划的具体体现,幼儿园学年计划属于中期计划。

考点四：制订幼儿园工作计划的依据及程序

（一）制订幼儿园工作计划的依据

（1）全面系统考虑社会因素。

① 了解社会的政治、经济、文化、科学技术发展对学前教育的影响和要求,了解社会特别是本地区发展对人才需求的状况,了解所在社区的人口结构及发展趋势,分析幼儿园未来发展规模和可能性。

② 必须以上级的政策与法律法规为依据,主要包括党和国家的有关方针政策,尤其是教育方针、幼儿园法规,以及上级部门对某一时期、某项工作任务的要求或指示等。

(2)应以理论为指导。

主要的理论有马克思主义基本原理、管理科学理论、教育理论、儿童发展心理学、幼教改革和研究动态等。

(3)从本园的实际情况出发。

这里所说的实际情况主要指园所实现目标的主客观条件。

(二)幼儿园工作计划制订的程序

(1)估量机会,预测环境。

(2)确立目标。幼儿园管理者在确立目标时,应做到:① 坚持实事求是,一切从实际出发;② 保证充分的信息量;③ 体现办园特色。

(3)拟定备选方案。

(4)选择方案。

(5)制订次级计划。

【真题训练】

(2021.04)(多项选择题):幼儿园工作计划制订的程序包括(　　　)。

A. 估量机会,预测环境　　　　　　　　B. 确立目标

C. 拟定备选方案　　　　　　　　　　　D. 选择方案

E. 制订次级计划

【答案】ABCDE

【解析】幼儿园工作计划属比较简单的计划,但在制订程序上,仍需按计划制订的基本步骤进行,具体步骤包括:① 估量机会,预测环境;② 确立目标;③ 拟定备选方案;④ 选择方案;⑤ 制订次级计划。

考点五:幼儿园工作计划执行过程中的管理

幼儿园工作计划整个实施过程中的管理活动主要有组织、协调及控制,指导、激励和教育等。

(一)计划执行中组织的主要任务

1. 组织的概念

组织就是为了实现幼儿园的既定计划(目标)而建立的组织机构和工作规范,它是联系园所内部所有人员的职、责、权关系的纽带,是园所管理者履行和完成其职责的保证。

2. 组织的主要任务

管理者应按确定的职责分工部署工作进程,并采取有力措施,使计划得以保质保量地落实到部门和具体的个人。同时在计划执行中,要求全体人员必须按照园所各种工作规范、行为准则去约束自己的行为,以保证计划切实地、顺利地付诸实施。

(二)计划执行中协调的主要任务

1. 协调的概念

协调是为了完成计划和实现目标,对各项工作及人员的活动进行调节,使之步调一致、互相促进、互相配合。

2. 协调的主要任务

协调的主要任务就是要减少矛盾,把内耗降低到最低程度。

(三)计划执行中控制的主要任务

1. 控制的概念

在幼儿园管理实践中,依据所制定的工作目标或指标体系,对多个部门各类人员的工作及其效果进行检查评定,判断是否符合要求,就是控制。

控制是使幼儿园的各项工作围绕目标运转的基本管理活动。控制活动包括三个环节:① 确定控制目标,一般说,工作计划是基本的控制标准,但为了实施更为有效的控制,应当对各项工作和活动设置详尽的、可操作的标准;② 衡量执行效果;③ 采取措施纠偏。

2. 控制的主要任务

在幼儿园计划执行过程中,保证计划执行不出现偏差。

(四)合理分配各种资源

分配的原则是使资源的使用与所完成的工作任务相匹配,即分配的资源既足以保证在规定的期限内完成任务,又不至于造成不必要的耗损和浪费。管理者主要依据计划提出的任务目标,将人、物、财及其他管理资源进行合理分配和妥善安排。

(五)计划执行中的指导、激励和教育

管理者在计划执行阶段应该对各类人员予以指导,使其进一步明确任务目标,不断改进工作方法,保证计划的顺利实行。

在执行计划阶段,还应注意将指导与教育激励相结合,及时发现好人好事,给予表扬鼓励,调动全体员工的积极性,增强组织成员的责任感,并加强思想沟通,促进人际关系和谐。

(六)计划执行阶段应注意的问题

执行是贯穿管理周期全过程的中心环节,是实现目标的关键。在执行计划的过程中需要注意以下问题:(1)确保计划执行的严肃性;(2)考虑计划的科学安排;(3)注意发挥各

级组织的职能作用。

【真题训练】

1. (2020.10)(单项选择题):(   )是贯穿管理周期全过程的中心环节,实现目标的关键。

A. 执行   B. 协调

C. 指导   D. 组织

【答案】 A

【解析】 执行是贯穿管理周期全过程的中心环节,是实现目标的关键。

2. (2020.8)(多项选择题):在幼儿园工作计划执行阶段应注意(   )。

A. 确保计划执行的严肃性   B. 考虑计划的科学安排

C. 注意发挥各级组织的职能作用   D. 过程中的定期检查

E. 计划执行中的总结

【答案】 ABC

【解析】 为更好地推进计划,执行阶段应注意以下三个方面:① 确保计划执行的严肃性;② 考虑计划的科学安排;③ 注意发挥各级组织的职能作用。

考点六: 计划执行过程中的检查

(一) 检查的概念

检查是管理全过程承前启后的环节,是计划执行阶段的必然发展,也是总结阶段的前提和依据。

(二) 检查在管理过程中的意义

检查可以促进工作计划的执行,掌握工作进展情况,及时发现问题,解决问题,总结、推广经验,促进各方面的工作有效地进行。检查是控制的一种有效形式,同时也是评价的基础。对于管理者,检查具有检验决策、获取反馈信息从而调整部署、指导今后工作的作用。通过检查可以督促、指导职工工作,评价其工作状况并增进其责任感,努力实现计划目标。

(三) 检查的方式

按不同维度,检查可以划分为不同的类别,见表 2-2。

表 2-2   检查方式的类别

划分维度	类别	内容
时间	① 定期检查 ② 经常性检查	① 定期检查一般是指阶段性的集中检查,如期中工作检查和期末检查 ② 经常性检查是指在计划执行阶段随时进行检查,具有即时、灵活的特点

划分维度	类别	内容
内容	① 全面检查 ② 单项或专题性检查	① 全面检查往往是在学期结束前后进行,是一种常规性的检查方式,有益于全面掌握情况 ② 单项或专题性检查是针对计划执行阶段工作中某个方面的问题进行检查,可以较深入细致地了解某些较突出的重点问题
执行主体	① 领导检查 ② 群众检查 ③ 自我检查	—

（四）有效检查的基本要求

（1）应明确检查的目的。

（2）检查要以目标为依据,以计划规定的要求为标准和尺度,有目的、有计划、有步骤地进行。

（3）检查过程中能否获得准确、可靠、全面的信息,对控制管理过程有着重要的意义。对检查中获得信息的要求如下:信息的及时性、信息的可靠性、信息的有效性。

（4）检查的形式应多样化。

（5）检查既要注意工作结果,又要注意工作过程,应将二者结合起来加以考察分析。

（6）检查必须与指导相结合,以便推动工作顺利进行。常用的指导方式有三种:① 面向全体的指导性报告;② 树立榜样,总结经验;③ 因人而异具体指导。

【真题训练】

1.（2022.4）（单项选择题）:针对计划执行阶段工作中某个方面的问题进行的检查属于（　　）。

A. 单项检查 　　　　　　　　　B. 定期检查

C. 经常性检查 　　　　　　　　D. 临时性检查

【答案】A

【解析】单项或专题性检查是针对计划执行阶段工作中某个方面的问题进行的检查,可以较深入细致地了解某些较突出的重点问题。

2.（2021.4）（单项选择题）:在计划实行阶段随时进行检查,具有即时、灵活的特点的是（　　）。

A. 经常性检查 　　　　　　　　B. 定期检查

C. 专题性检查 　　　　　　　　D. 全面检查

【答案】A

【解析】经常性检查是指在计划实行阶段随时进行检查,具有即时、灵活的特点。这种检查可及时发现问题。

3.(2021.10)(单项选择题):检查中,信息的类型、范围、内容、详细程度和需要频率等应符合控制的要求,这就要求信息必须具有(　　)。

A. 及时性 　　　　　　　　　　　　B. 有效性

C. 可靠性 　　　　　　　　　　　　D. 多样性

【答案】B

【解析】信息的有效性,是指信息的类型、范围、内容、详细程度和需要频率等应符合控制的要求。

考点七：计划执行过程中的总结

（一）总结的概念

总结是管理活动的最后一个环节,是对工作的全面回顾,即对计划、实行和检查进行总结分析与评价。

（二）总结的类型

按不同维度划分,总结可以分为不同的类别,见表2-3。

表2-3　总结的类型

划分维度	类别	举例
内容	① 全面工作总结 ② 单项或专题性总结	幼儿园的全园工作总结即全面工作总结
部门	① 全园总结 ② 部门总结	保育工作总结、总务工作总结、班组总结、个人总结
时间	① 长期计划总结 ② 短期计划总结 ③ 年度、学期总结、月度工作总结等	—

（三）总结阶段应注意的问题

(1) 应以目标、计划为依据,对照工作结果,判定工作成绩与不足。

(2) 总结要有群众参加,发挥总结的教育激励作用。

(3) 总结要注意探索规律。

(4) 总结应能为下一阶段工作提供依据并指明方向。

【真题训练】

（2021.10）（单项选择题）：将幼儿园的总结分为保育工作总结、总务工作总结、班组总结、个人总结，其划分的依据是（   ）。

A. 时间   B. 部门

C. 程度   D. 内容

【答案】B

【解析】总结从部门上划分，分为全园总结、部门总结，如保育工作总结、总务工作总结、班组总结、个人总结。

四、 同步强化练习

（一）单项选择题

1. 管理过程的概念来源于一般管理理论，其代表人物是（   ）。

A. 法约尔   B. 泰勒

C. 西蒙   D. 罗素

2. 回顾整个计划的实施过程，针对某一阶段、某一周期的工作进行总的分析和评价，提出下一周期的努力方向和改进内容，这是管理过程中的（   ）。

A. 实行阶段   B. 计划阶段

C. 检查阶段   D. 总结阶段

3. 幼儿园的期中工作检查和期末检查属于（   ）。

A. 单向检查   B. 定期检查

C. 经常性检查   D. 专题性检查

4. 检查中，信息必须要准确、全面，这就要求信息必须要有（   ）。

A. 及时性   B. 有效性

C. 可靠性   D. 多样性

（二）多项选择题

1. 幼儿园工作计划制订的程序有（   ）。

A. 估量机会，预测环境   B. 确立目标

C. 拟定备选方案   D. 选择方案

E. 制订次级计划

2. 按执行主体来划分，计划执行中的检查可分为（   ）。

A. 经常性检查   B. 领导检查

C. 自我检查   D. 专题性检查

E. 群众检查

（三）名词解释题

1. 幼儿园管理过程

2. 检查

（四）简答题

1. 简述幼儿园教育目标和管理目标的关系。

2. 制订幼儿园工作计划的依据有哪些？

3. 简述幼儿园工作计划制订中管理者确立目标的要求。

（五）案例分析题

案例：某幼儿园开展了幼儿户外体育活动达标训练，学前一班和二班展示的都是花样跳绳，其中一班达标率是80%，二班达标率是50%。幼儿园管理层基于测验结果对一班教师进行了表扬，对二班教师给予了通报批评。二班教师心里委屈，她们谈道：表面上看自己班的成绩不如一班，但教师们花费了很多时间和心思，查阅了很多资料，观看了很多视频，以帮助幼儿练习如何跳得轻巧，让班上较小的小朋友也能学会双脚连续跳等，也调动家长在家里协助小朋友多练习跳绳等。但幼儿园管理者都没有认真调查了解这些情况；另外，二班的教师们说，领导也不应该只批评，而不提供有针对性的指导。

问题：请结合案例，对检查的目的、检查的形式和检查后如何进行指导进行分析说明。

五、 参考答案及解析

（一）单项选择题

1.【答案】A

【考点】管理过程的含义

【解析】管理过程的概念来源于法约尔的一般管理理论，它揭示了任何一项管理活动的完整过程应包括计划、组织、指挥、协调和控制五个步骤。

2.【答案】D

【考点】"戴明环"管理过程理论

【解析】总结阶段是回顾整个计划的实施过程，针对某一阶段、某一周期的工作进行总的分析和评价，提出下一周期的努力方向和改进内容，不断地调整管理方式，形成更为完善的工作系统，为下一个阶段的工作奠定良好的基础。

3.【答案】B

【考点】检查的方式

【解析】定期检查一般是指阶段性的集中检查，如期中工作检查和期末检查。

4.【答案】C

【考点】有效检查的基本要求

【解析】信息的可靠性与其准确性和全面性一般成正比关系，有效控制必须依靠可靠的信息。

（二）多项选择题

1.【答案】ABCDE

【考点】幼儿园工作计划制订的程序

【解析】幼儿园工作计划制订的程序依据以下步骤进行：估量机会，预测环境→确立目标→拟定备选方案→选择方案→制订次级计划。

2.【答案】BCE

【考点】检查的方式

【解析】将检查按执行主体来划分，有领导检查、群众检查和自我检查。

（三）名词解释题

1. 幼儿园管理过程是指幼儿园管理者根据教育原理以及管理规律，组织全园教职工，为实现幼儿发展，以保教工作为中心，按计划有步骤地进行共同活动的过程。

2. 检查是指对照计划对执行阶段的活动和成果进行评价和诊断，肯定成绩，发现问题，纠正偏差。

（四）简答题

1. 教育目标是园所全部工作的核心，是确定管理目标的依据；管理目标是实现教育目标的保证和前提。教育目标的实现又体现出全部管理工作的结果，二者统一在教育目标的实现上。

2.（1）全面系统考虑社会因素。

（2）应以理论为指导。

（3）从本园的实际情况出发。

3. 幼儿园管理者在确立目标时，应做到：

（1）坚持实事求是，一切从实际出发。

（2）保证充分的信息量。

（3）体现办园特色。

（五）案例分析题

（1）应明确检查的目的。检查本身不是目的，而是一种管理手段，目的在于指导促进工作，通过检查，发现偏差，找出原因，采取措施予以纠正，以便保证计划和目标的实现。材料中，幼儿户外体育活动达标训练的目的是评价幼儿是否在原有水平上得到发展，幼儿园管理层对两个班级教师的评价没有考虑到两个班幼儿的初始水平以及教师的活动组织效果，仅仅看达标率，这种评价方式过于机械化。

（2）检查的形式应多样化。管理者可以通过实地观察，听取汇报和召开会议，查阅工作记录、教案、笔记等资料的形式，获取足够的信息。通常检查需要多种方式结合使用，以便互相参照，获得较真实全面的资料。材料中，幼儿园管理层只检查了幼儿活动的达标率，没有综合考量幼儿教师的活动设计、幼儿的兴趣和需要以及家长对此项活动的评价，评价过于单一化。

（3）检查必须与指导相结合，以便推动工作顺利进行。常用的指导方式有三种。

① 面向全体的指导性报告。针对一些带有普遍性、共同性的问题,召开全体工作人员会议,对问题进行分析,提出改进的建议和指导性意见。材料中,幼儿园管理层应该针对学前一班和二班两位教师的活动设计情况、两个班幼儿体育活动的达标情况进行全面分析,分析后对不同班级的教师提供有针对性的指导,善于发现不同教师组织活动的闪光点,促进共同进步。

② 树立榜样,总结经验。例如,某幼儿园检查保育员工作时,发现一位保育员不仅对幼儿的生活护理和卫生工作做得好,而且注意在日常生活的细微环节中渗透教育要求,将保教融于一体,于是组织全体保育员观摩该保育员组织幼儿午餐这一生活环节。通过观摩,明确工作要求,学习保教结合的指导幼儿生活活动的方法。

③ 因人而异,具体指导。管理者针对某个教职工的工作情况和实际问题,给予具体个别指导。材料中,幼儿园管理层应该对学前二班的教师进行具体指导,分析二班幼儿达标率低的原因,在保证练习形式多样、调动幼儿及家长兴趣的前提下,了解该班幼儿的原有水平和层次,抓住最近发展区,制定该班幼儿可实现的发展目标。

(结合材料作答)

第三章
幼儿园组织与制度管理

一、 教材知识思维导图

本章知识思维导图见图 3-1。

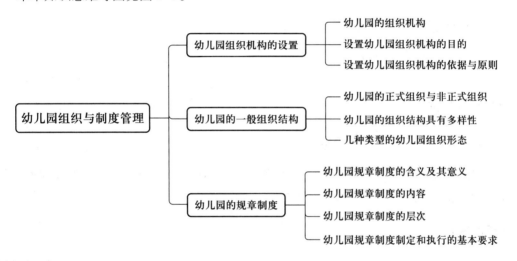

图 3-1 本章知识思维导图

二、 本章考核的知识点与考核要求

本章需识记的内容有:(1) 组织的含义;(2) 幼儿园组织机构的概念;(3) 幼儿园组织机构的要素;(4) 管理跨度;(5) 幼儿园组织机构设置的原则;(6) 幼儿园的正式组织;(7) 幼儿园的非正式组织;(8) 规章制度;(9) 岗位责任制。

本章需领会的内容有:(1) 设置幼儿园组织机构的目的;(2) 幼儿园组织机构设置的依据;(3) 幼儿园的性质差异;(4) 幼儿园的规模差异;(5) 大型公立幼儿园的组织结构形态;(6) 中型幼儿园的组织结构形态;(7) 小型私立幼儿园的组织结构形态;(8) 幼儿园规章制度的作用;(9) 幼儿园规章制度的层次;(10) 幼儿园规章制度指向的内容;(11) 幼儿园规

章制度的类型。

本章需应用的内容有:(1)良好的幼儿园组织的形成和培养;(2)制定幼儿园规章制度的基本要求;(3)幼儿园规章制度执行时应注意的问题;(4)思考幼儿园制度管理与人文关怀的关系。

三、 重难点知识精讲

考点一: 幼儿园的组织机构

(一)组织的含义

组织可从静态和动态两个角度理解。本章中,在组织后附上"机构"二字是强化组织的静态含义,表明组织是一定管理活动得以实施的载体,是一种相对稳定的系统。

(二)幼儿园组织机构的概念

幼儿园组织机构可理解为:按幼儿教育目的和程序而组成的相互合作的层级、部门和个人所构成的系统。作为一种实体组织,它是为实现特定的教育目标,根据一定的原则而构建起来的体系与机构。

(三)幼儿园组织机构的要素

幼儿园组织机构的要素包括:(1)组织的共同目标;(2)纵向的等级;(3)横向的部门;(4)明确的活动规则。

【真题训练】

(2020.8)(单项选择题):在有一定规模的幼儿园中,从园长、副园长、部门主任、班组长到每一个岗位的职工,通常会建立较严密的上下级关系,这是幼儿园组织机构要素中的(　　)。

A. 纵向的等级　　　　　　　　　　B. 横向的部门

C. 组织的共同目标　　　　　　　　D. 明确的活动规则

【答案】A

【解析】在有一定规模的幼儿园中,从园长、副园长、部门主任、班组长到每一个岗位的职工,通常会建立较严密的上下级关系,上级管理指导下级,下级接受上级的管理。

考点二: 设置幼儿园组织机构的目的

设置幼儿园组织机构有五个目的:

(1)促进幼儿园工作的正常开展和目标的实现。

（2）有利于幼儿园合理配置资源,发挥整体功能。

（3）方便家长和相关部门与幼儿园的沟通,提高工作效率。

（4）推动教职工个体更好地生存和发展。

（5）塑造幼儿园的组织文化。

考点三：设置幼儿园组织机构的依据与原则

（一）设置幼儿园组织机构的依据

见表 3-1 所示：

表 3-1 设置幼儿园组织机构的依据

设置依据	具体内容
法规和政策依据	国家教育行政部门出台的学前教育相关法规有： 《幼儿园管理条例》《幼儿园工作规程》《关于社会力量办学的若干条例》《全日制、寄宿制幼儿园编制标准》 教育部 2013 年 1 月印发了《幼儿园教职工配备标准（暂行）》,提出幼儿园应当按照服务类型、教职工与幼儿以及保教人员与幼儿的一定比例配备教职工,满足保教工作的基本需要,这也是设置幼儿园组织机构的依据
事实依据	幼儿园组织机构还应在认真分析本单位自身实际情况的基础上结合政策的允许而设置。幼儿园的所有制性质、开设类型、人员的状况等因素,都有可能造成幼儿园组织机构设置的差异
理论依据	理论依据是在分析了政策和事实依据的基础上,进一步权衡组织机构设置的合理性、科学性时,用以参照的指导思想

管理学中有能级原则。幼儿园机构设置的任务是建立一个合理的能级,即在幼儿园管理系统中根据个人能量的大小安排其地位和任务,做到才职相称,以发挥各层级的能量,保证整个幼儿园的稳定性和管理的有效性,确保幼儿园管理结构呈正三角形状,如图 3-2 所示。

图 3-2 稳定合理的结构

（二）设置幼儿园组织机构的原则

（1）设岗要实,用人要精。

（2）分工协作,形成整体。

（3）权责对等,相对稳定。

（4）统一指挥,从容调度。

【真题训练】

1.（2021.4）（单项选择题）:为保证整个幼儿园的稳定性和管理的有效性,由决策层、管理层、执行层、操作层所构成的管理结构应呈(　　)。

A. 菱形状　　　　　　　　　　　B. 横卧方形状

C. 正三角形状　　　　　　　　　D. 倒三角形状

【答案】C

【解析】幼儿园机构设置的任务是建立一个合理的能级,保证整个幼儿园的稳定性和管理的有效性,确保幼儿园管理结构呈正三角形状。

2.（2019.10）（单项选择题）:权衡组织设置的合理性、科学性时,用以参照的指导思想是设置幼儿园组织机构的(　　)。

A. 理论依据　　　　　　　　　　B. 法规和政策依据

C. 事实依据　　　　　　　　　　D. 外部依据

【答案】A

【解析】理论依据是在分析了政策和事实依据的基础上,进一步权衡组织设置的合理性、科学性时,用以参照的指导思想。

考点四:幼儿园的正式组织与非正式组织

（一）幼儿园正式组织与非正式组织的概念

1. 幼儿园正式组织的概念

幼儿园正式组织是根据幼儿园的目标和章程而建立起来的系统,它是实现幼儿园保教目标的载体,是组织成员长时间置身其中、作用明显而直接的社会群体。其中,有明确的上下级关系,有严肃的公事往来,也有必需的协作关系。

2. 幼儿园非正式组织的概念

幼儿园非正式组织是指在正式组织内部,由于部分成员的性格相投,爱好兴趣相近,在交往过程中结下比一般同志更密切的朋友关系,并形成特别的小团体。

（二）良好幼儿园组织的形成与培养

（1）确定幼儿园组织的发展目标。

（2）制定幼儿园组织的规章制度。

（3）建立幼儿园的核心队伍。

（4）开展丰富多彩的集体活动。

（5）引导正确的舆论方向。

【真题训练】

1.（2021.10）（单项选择题）：幼儿园的团支部、工会、研究小组等群众团体属于幼儿园的（　　）。

    A. 学术组织　　　　　　　　　　B. 领导组织

    C. 非正式组织　　　　　　　　　D. 正式组织

【答案】D

【解析】正式组织对成员具有强制性和权威性，如党支部、团支部、工会、研究小组等群众团体。

2.（2020.8）（名词解释题）：幼儿园非正式组织

【答案】幼儿园非正式组织是指在正式组织内部，由于部分成员的性格相投，爱好兴趣相近，在交往过程中结下比一般同志更密切的朋友关系，并形成特别的小团体。

考点五：幼儿园的组织结构具有多样性

从我国幼儿园的组织结构存在多样性，归纳为以下两点：

（1）公立幼儿园与私立幼儿园的组织结构有一定的差异。

（2）全日制与寄宿制的幼儿园的组织结构略有不同。

考点六：大型公立幼儿园的组织结构形式

大型公立（含全日制和寄宿制）幼儿园的组织可分出行政组织与非行政组织两类，两者有一定的联系。组织系统如图3-3所示：

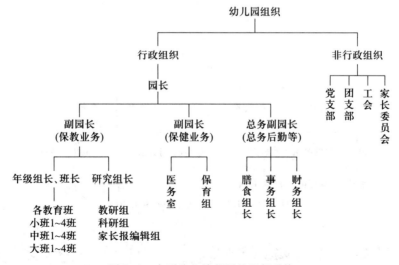

图3-3　大型公立幼儿园的组织系统

考点七：中型幼儿园的组织结构形态

（一）中型公立幼儿园的组织系统

中型公立幼儿园一般也设行政组织与非行政组织。与大型园相比，三个层次相同，只是岗位要少一些，如副园长层人数减少。如图 3-4 所示：

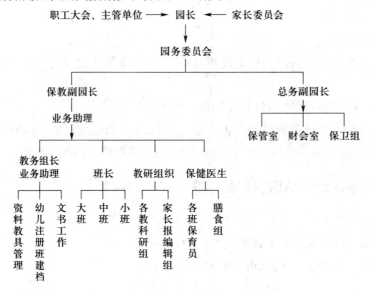

图 3-4　中型公立幼儿园组织系统

（二）中型私立幼儿园的一般组织系统

中型私立幼儿园的一般组织系统，如图 3-5 所示：

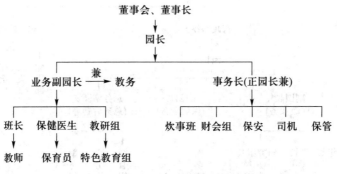

图 3-5　中型私立幼儿园组织结构

考点八：小型私立幼儿园的组织结构形态

一般来说，小型私立幼儿园的行政组织系统与公立幼儿园基本相似。它们的共同特点是机构设置简单化，人员兼职化和精简化，幼儿园由管理者和具体执行者所组成，非行政组织与行政组织均不太健全,美国小型幼儿教育机构组织结构如图3-6所示。

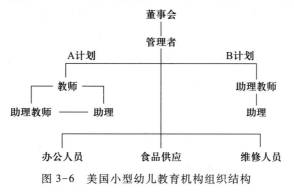

图 3-6　美国小型幼儿教育机构组织结构

考点九:幼儿园规章制度的含义及其意义

(一)幼儿园规章制度的含义

幼儿园规章制度是为了实现幼儿园整体工作目标,要求全园职工甚至幼儿及其家长共同遵守的行为准则,也是幼儿园各部门按一定程序办事的规矩。

(二)幼儿园规章制度的意义

幼儿园规章制度的意义见表3-2。

表 3-2　幼儿园规章制度的意义

意义	具体内容
指向作用	幼儿园规章制度有着明确的目的要求,它表明这个组织提倡什么、禁止什么,应该怎样、不该怎样,既是组织活动准则,也反映社会的道德规范和优良的文化传统,可以为全体组织成员指明行动方向
制约作用	规章制度具有规范性、强制性,能促使组织成员按一定的要求去行动
协调作用	规章制度有利于规范人们的行为,协调相互关系,提高管理成效。规章制度起着协调各方面工作和各类人员行为的作用,既分工负责,各司其职、各得其所,又协调配合,使各方面力量有效地服务于共同的组织目标,提高工作效率和管理效能
保护职工和幼儿的合法权益	职工的合法权益能否得到保证与制度内容的完善程度呈正相关
调动和保持教职工的工作积极性	符合职工和幼儿园双重利益的合理的制度,可以在一定程度上调动员工的工作积极性

【真题训练】

1.(2022.4)(单项选择题):幼儿园的各类人员既要分工负责,各司其职,各得其所,又要相互配合,使各方面力量都有效地服务于共同的组织目标,这体现了规章制度的(　　)。

A. 调动作用　　　　　　　　　　　　B. 制约作用

C. 指向作用　　　　　　　　　　　　D. 协调作用

【答案】D

【解析】规章制度起着协调各方面工作和各类人员行为的作用,既分工负责,各司其职、各得其所,又协调配合,使各方面力量有效地服务于共同的组织目标,提高工作效率和管理效能。

2.(2020.10)(单项选择题):幼儿园规章制度有着明确的目的要求,它表明这个组织提倡什么、禁止什么,应该怎样、不该怎样,既是组织活动准则,也反映社会的道德规范和优良的文化传统。这是指幼儿园规章制度应具有(　　　　)。

A. 制约作用　　　　　　　　　　　　B. 指向作用

C. 协调作用　　　　　　　　　　　　D. 激励作用

【答案】B

【解析】规章制度具有指向作用是指幼儿园规章制度有着明确的目的要求,它表明这个组织提倡什么、禁止什么。

考点十：幼儿园规章制度的内容

幼儿园规章制度的管理效能涉及园所工作的各个方面,主要涵盖以下内容。

（1）针对人,确定各类人员的岗位职责和职工的行为规范。

（2）针对部门,制定各部门的工作要求。

（3）针对事务,制定各类活动行动准则和质量要求。

（4）针对财物,制定严格的常规制度。

（5）对各类活动协调管理的规定。

考点十一：幼儿园规章制度的层次和类型

（一）幼儿园规章制度的层次

幼儿园规章制度可以分为不同的层次,按颁布和制定规章制度的部门划分,大致可分为宏观与微观两个层次。

（1）国家立法机关即全国人民代表大会和各级政府及其教育行政部门等统一制定的教育法规和有关的规章制度。这是国家和各级政府宏观管理各级各类幼教机构的法令、法规,是举办幼儿园必须遵循和贯彻执行的。

（2）幼儿园依据国家法律和教育行政法规,结合本园实际自行制定的规章制度。这是幼儿园具体实施园所管理的工具,是使幼儿园工作有正常、稳定的秩序,协调各类人员的行动,提高组织活动效率的保证。

（二）幼儿园规章制度的类型

幼儿园规章制度的类型及内容见表3-3。

表 3-3　幼儿园规章制度的类型及内容

类型	内容
岗位责任制	是通过明确的规定,使每一个工作岗位的职责明晰化,并将它落实到具体负责人的一种制度;是幼儿园各项规章制度的核心
全园性制度	可以起到指导、组织集体的共同活动,统一各类人员行为,建立工作常规和行为规范的作用
部门性规章制度	可以起到明确各层次、各部门工作任务和职责,加强科学管理的作用
考核与奖惩制度	考核是对组织成员履行职责和完成工作任务的情况进行检查和评定,方式有自评、群众互评及领导评价检查;奖惩是在考核评定的基础上进行的,对考核结果给予肯定或否定的评价制度,保证岗位责任制和其他制度规章的贯彻执行

【真题训练】

1.(2020.10)(单项选择题):幼儿园各项规章制度的核心是(　　)。

A. 全园性制度　　　　　　　　　　B. 岗位责任制

C. 考核与奖励制度　　　　　　　　D. 部门性规章制度

【答案】B

【解析】岗位责任制起着明确职责,调整和处理各个岗位之间的职务、责任、权利和关系的作用,使组织的各类人员能在其位、行其事、尽其责。岗位责任制是幼儿园各项规章制度的核心。

2.(2018.10)(单项选择题):起到明确各层次、各部门工作任务和职责,加强科学管理作用的是(　　)。

A. 全园性制度　　　　　　　　　　B. 岗位责任制

C. 考核与奖惩制度　　　　　　　　D. 部门性制度

【答案】D

【解析】建立和完善幼儿园各部门的规章制度,可以起到明确各层次、各部门工作任务和职责,加强科学管理的作用。

考点十二:幼儿园规章制度制定和执行的基本要求

(一)制定幼儿园规章制度的基本要求

(1)目的明确。

(2)有法必依。

(3)科学可行。

(4)以人为本。

(5)完整简洁。

（6）相对稳定。

（二）贯彻执行幼儿园规章制度应注意的问题

在执行规章制度环节应注意以下几方面的问题：

（1）注重宣传讲解，使职工熟悉制度。

（2）园长以身作则，做出表率。

（3）执"法"必严，违"法"必究。

（4）制度化管理与人文关怀相融合。

（5）将制度建设和组织文化建设相结合。

【真题训练】

1.（2021.10）（单项选择题）：制定幼儿园规章制度必须符合党和国家的政策法规，这一要求体现在制定规章制度时要做到（　　）。

A. 科学可行　　　　　　　　　　　B. 完整简洁

C. 以人为本　　　　　　　　　　　D. 有法必依

【答案】D

【解析】制定和实施幼儿园规章制度是一项政策性很强的工作。因此幼儿园制定的规章制度必须符合党和国家的政策法规，做到有法必依。

2.（2018.4）（单项选择题）：幼儿园制定的规章制度要符合教育与管理的客观规律，符合教师的劳动特点，符合幼儿的身心发展规律，还要从本园实际情况和工作需要出发。这说明在制定规章制度时要做到（　　）。

A. 科学可行　　　　　　　　　　　B. 以人为本

C. 有法必依　　　　　　　　　　　D. 完整简洁

【答案】A

【解析】科学可行是指幼儿园制定的规章制度必须是科学的，能充分体现幼教工作的本质属性，符合教育与管理的客观规律；符合教师的劳动特点，符合幼儿身心发展规律，从本园实际情况和工作需要出发，具有可行性。

四、 同步强化练习

（一）单项选择题

1. 国家教育行政部门出台的一系列管理文件，如《幼儿园管理条例》《幼儿园工作规程》等是幼儿园组织机构设置的（　　）。

A. 理论依据　　　　　　　　　　　B. 法规和政策依据

C. 事实依据　　　　　　　　　　　D. 外部依据

2. 出于组织活力的考虑，有效的组织总是能根据内因和外因的变化，及时调整机构的设置或人事关系,保持自我调节的弹性和较强的适应能力,这体现了幼儿园组织机构设置原则中的( )。

　　A. 设岗要实,用人要精　　　　　　　B. 分工协作,形成整体

　　C. 统一指挥,从容调度　　　　　　　D. 权责对等,相对稳定

　　3. 可以起到指导、组织集体活动,统一各类人员行为作用的是( )。

　　A. 全园性制度　　　　　　　　　　　B. 考核制度

　　C. 奖惩制度　　　　　　　　　　　　D. 部门性制度

　　4. 幼儿园制定规章制度要让教职工参与,走群众路线,发扬民主精神,集思广益,坚持( )。

　　A. 科学可行　　　　　　　　　　　　B. 完整简洁

　　C. 有法必依　　　　　　　　　　　　D. 以人为本

(二) 多项选择题

　　1. 幼儿园组织机构的要素包括( )。

　　A. 组织的共同目标　　　　　　　　　B. 纵向的等级

　　C. 横向的部门　　　　　　　　　　　D. 岗位职责

　　E. 明确的活动规则

　　2. 设置幼儿园组织机构的原则包括( )。

　　A. 设岗要实,用人要精　　　　　　　B. 分工协作,形成整体

　　C. 权责对等,相对稳定　　　　　　　D. 统一指挥,从容调度

　　E. 分权明确,独立运转

(三) 名词解释题

　　1. 幼儿园正式组织

　　2. 幼儿园规章制度

(四) 简答题

　　1. 简述幼儿园组织机构设置的目的。

　　2. 简述幼儿园规章制度的意义。

　　3. 简述贯彻执行幼儿园规章制度应注意的问题。

(五) 论述题

　　试述幼儿园规章制度的层次。

五、 参考答案及解析

(一) 单项选择题

　　1.【答案】B

　　【考点】设置幼儿园组织机构的依据与原则

　　【解析】幼儿园设置组织机构不能随心所欲,必须考虑幼儿园内外的实际条件,其中国家

教育行政部门出台的一系列管理文件属于幼儿园机构设置的法规和政策依据。

2.【答案】C

【考点】设置幼儿园组织机构的依据与原则

【解析】强调统一指挥和从容调度,实际上是出于组织活力的考虑,有效的组织总是能根据内因和外因的变化,及时地调整机构的设置或人事关系,保持自我调节的弹性和较强的适应能力,否则,该组织就易被竞争淘汰。

3.【答案】A

【考点】幼儿园规章制度的层次与类型

【解析】全园性规章制度可以起到指导、组织集体的共同活动,统一各类人员行为,建立工作常规和行为规范的作用。

4.【答案】D

【考点】幼儿园规章制度制定和执行的基本要求

【解析】制度的制定,要从人才培养、教育工作的实际需要出发,富有教育意义。制度的制定要让教职工参与,走群众路线,发扬民主精神,集思广益,坚持以人为本。

(二)多项选择题

1.【答案】ABCE

【考点】幼儿园的组织机构

【解析】幼儿园的组织是按一定目的和程序而组成的较稳定的体系,在多种多样的幼儿园组织结构的表现形式中,有四个共同要素:组织的共同目标、纵向的等级、横向的部门、明确的活动规则。

2.【答案】ABCD

【考点】设置幼儿园组织机构的原则

【解析】在着手设置组织机构时,需要遵循以下四条原则,以达到设计的初衷:设岗要实,用人要精;分工协作,形成整体;权责对等,相对稳定;统一指挥,从容调度。

(三)名词解释题

1. 幼儿园正式组织是根据幼儿园的目标和章程而建立起来的系统,它是实现幼儿园保教目标的载体,是组织成员长时间置身其中、作用明显而直接的社会群体。

2. 幼儿园规章制度是为了实现幼儿园整体工作目标,要求全园职工甚至幼儿及其家长共同遵守的行为准则,也是幼儿园各部门按一定程序办事的规矩。

(四)简答题

1. 设置幼儿园组织机构有五个目的。

(1)促进幼儿园工作的正常开展和目标的实现。

(2)有利于幼儿园合理配置资源,发挥整体功能。

(3)方便家长和相关部门与幼儿园的沟通,提高工作效率。

(4)推动教职工个体更好地生存和发展。

(5)塑造幼儿园的组织文化。

2. 幼儿园规章制度的意义有：

（1）规章制度具有指向作用。

（2）规章制度具有制约作用。

（3）规章制度具有协调作用。

（4）通过健全的规章制度保护职工和幼儿的合法权益。

（5）调动和保持教职工的工作积极性。

3. 贯彻执行幼儿园规章制度应注意的问题有：

（1）注重宣传讲解，使职工熟悉制度。

（2）园长以身作则，做出表率。

（3）执"法"必严，违"法"必究。

（4）制度化管理与人文关怀相融合。

（5）将制度建设和组织文化建设相结合。

（五）论述题

幼儿园规章制度可以分为不同的层次，按颁布和制定规章制度的部门划分，大致可分为宏观与微观两个层次。

一是国家立法机关即全国人民代表大会和各级政府及其教育行政部门等统一制定的教育法规和有关的规章制度，如《中华人民共和国教育法》《中华人民共和国教师法》《幼儿园管理条例》《幼儿园工作规程》《国家中长期教育改革和发展规划纲要（2010—2020 年）》《国务院关于当前发展学前教育的若干意见》《3—6 岁儿童学习与发展指南》等，以及地方制定的幼教行政法规和有关的规章制度。这是国家和各级政府宏观管理各级各类幼教机构的法令、法规，是举办幼儿园必须遵循和贯彻执行的。国家和各级政府的宏观政策是管理幼儿园的根本依据，对于建立幼儿园正常的秩序具有指导作用。幼儿园主办者和管理者要了解熟悉并认真学习国家关于幼儿教育的各项法规条例，掌握其精神和内容，并组织幼儿园教职工学习、执行，实现依法治教。

二是幼儿园依据国家法律和教育行政制度，结合本园实际自行制定的规章制度。这是幼儿园具体实施园所管理的工具，是使幼儿园工作有正常、稳定的秩序，协调各类人员的行动，提高组织活动效率的保证。建立健全的幼儿园内部规章制度，是办好幼儿园的一项基础性工作。

第四章
幼儿园人力资源管理

一、 教材知识思维导图

本章知识思维导图见图 4-1。

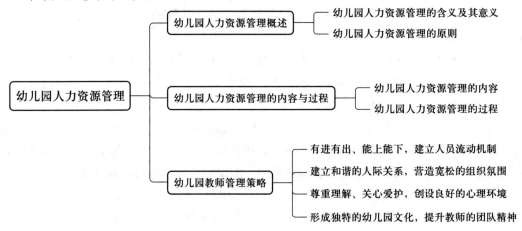

图 4-1　本章知识思维导图

二、 本章考核的知识点与考核要求

本章需识记的内容有:(1) 幼儿园人力资源管理的含义;(2) 幼儿园人力资源管理的过程。

本章需领会的内容有:(1) 幼儿园人力资源管理的意义;(2) 幼儿园人力资源管理的内容。

本章需应用的内容有:(1) 幼儿园人力资源管理的原则;(2) 幼儿园人力资源管理的内容;(3) 幼儿园教师管理策略。

三、 重难点知识精讲

考点一：幼儿园人力资源管理的含义及其意义

（一）幼儿园人力资源管理的含义

人力资源是指能够创造价值、推动经济和社会发展的劳动人力的总和。

所谓人力资源管理，是指对人力资源的取得、开发、保持和利用等方面所进行的计划、组织、指挥和控制的活动。

幼儿园人力资源管理，就是指运用现代化的科学方法，对与一定物力相结合的人力进行合理的培训、组织和调配，使人力、物力经常保持最佳比例，同时对人的思想、心理和行为进行恰当的引导、控制和协调，充分发挥人的主观能动性，使人尽其才，事得其人，人事相宜，以实现组织目标。

（二）幼儿园人力资源管理的意义

（1）幼儿园人力资源管理是提高幼教质量的重要保证。

（2）幼儿园人力资源管理有利于提升幼儿教师的综合素质。

开发人力资源是现代幼儿园发展的重要战略。教师工作状态的激活、教师服务质量的提高、教师专业水平的提升，是建设优质幼儿园的最重要的资源保障。

【真题训练】

（2021.4）（单项选择题）：在人类所拥有的一切资源中，第一宝贵的，也是现代管理核心的是（   ）。

A. 物力资源　　　　　　　　　　　B. 人力资源

C. 财力资源　　　　　　　　　　　D. 环境资源

【答案】B

【解析】在人类所拥有的一切资源中，人力资源是第一宝贵的，也是现代管理的核心。

考点二：幼儿园人力资源管理的原则

幼儿园人力资源管理的原则见表4-1。

表4-1　幼儿园人力资源管理的原则

原则	含义	注意事项
发展性原则	幼儿园人力资源管理的根本任务，就是将教师的个人需要与幼儿园的发展需要巧妙地融为一体，以实现个人与组织的共同发展	（1）为教师专业发展搭建平台 （2）促使园所发展需要与个体发展需要达成默契

原则	含义	注意事项
人本原则	人本原则要求根据个人的能力和特点,把其安排在合适的工作岗位,使之充分发挥聪明才智	(1)教师角色的转变 (2)员工的发展与人生价值的体现
激励性原则	激励性原则就是激发人的动机,诱导人的行为,使其发挥内在潜力,为实现所追求的目标而努力。其实质是调动人的积极性、主动性和创造性	(1)明确激励性原则的目的 (2)制订适宜的激励策略
人事相宜原则	所谓人事相宜就是"人适其事、事宜其人",根据个体间不同的素质和要求,将其安排在各自最合适的岗位上,保持个体素质与工作岗位要求的一致性,从而实现"因事择人,以人治事,人知其事,事得其人,人事两立"这样一种人事配合关系。人事相宜原则,是人力资源管理应该遵循的最基本的原则	(1)知事,就是对人事关系中的事做到全面准确地掌握。人事关系中的"事"是一个比较大的概念,它包括人事关系中除了人以外的所有部分 (2)知人,就是选拔符合岗位要求的员工来承担相应的工作,并且对岗位上的员工赋予相应的权利和义务 (3)掌握一定的用人方法和艺术

【真题训练】

1.(2020.10)(单项选择题):根据个体间不同的素质和要求,将其安排在各自最合适的岗位上,保持个体素质与工作岗位要求的一致性。这体现了幼儿园人力资源管理的(   )。

A.发展性原则   B.激励性原则

C.人事相宜原则   D.人本原则

【答案】C

【解析】所谓人事相宜就是"人适其事、事宜其人",根据个体间不同的素质和要求,将其安排在各自最合适的岗位上,保持个体素质与工作岗位要求的一致性,从而实现"因事择人,以人治事,人知其事,事得其人,人事两立"这样一种人事配合关系。

2.(2019.10)(单项选择题):人力资源管理的实质是(   )。

A.对人力资源的考核与奖惩   B.设置岗位

C.对人力资源的开发与利用   D.招聘优秀人员

【答案】C

【解析】人力资源管理的实质是对人力资源的开发与利用,由此使管理过程中的用人与培养人融为一体。

考点三：幼儿园人力资源管理的内容

幼儿园人力资源管理的内容,包括两方面,即对幼儿园全体工作人员从聘用、培养到使用的全过程的管理,以及从思想素质到业务素质的全面管理。

（一）幼儿园管理岗位人才招聘与录用

幼儿园管理岗位是指幼儿园园长、副园长、事务人员及其他工作人员。

幼儿园管理岗位招聘都需进行人才招聘考试与考核,主要分为以下几种方式:

（1）面向社会公开招聘。

（2）在幼儿园内部竞聘。

（3）按内部晋升制度进行晋升和公开选拔。

（4）高层管理干部一般通过面谈及答辩的方式进行招聘。

（二）幼儿园教师的选聘

幼儿园人力资源管理的核心内容是师资队伍的建设与管理。

在人员选聘上要做到:严格把关、持证上岗、宁缺毋滥,具体注意事项如下:

（1）扩展招聘范围,例如不限制区域。

（2）招聘工作程序化。招聘要经过资格审查、笔试、初试、面试、试教五关,并设计专门的应聘人员简历表、试题库等。

（3）考核标准要严格。要强调德才兼备,在招聘时外部形象和内在素质要兼顾,尤其强调教师的三个必备条件:职业道德、亲和力和职业认识。

（三）幼儿园教师任用与培养

1. 建立合理的教职工群体结构

所谓"群体结构",是指一个单位或部门为了发挥某种特定功能,而把不同的人才按一定的层次、序列和比例有机组合而构成的状态。

在教师的配置上,应强调合理的队伍结构。

（1）专业结构要合理,不局限于学前教育专业,在确保持有幼儿园教师资格证的前提下,可让多专业人员参加幼儿教育。

（2）老中青教师形成梯队,应保障年龄结构合理。

（3）讲求教师学历比例合理,注重合理搭配。

（4）调整幼儿教师队伍的性别结构,增加男性教师数量。

2. 合理用人是幼儿园人力资源管理的基本任务

作为幼儿园的管理者,在用人方面除了坚持知人善任,任人唯贤,人尽其才等策略外,还应该做到:（1）提高用人的互补度;（2）提高用人的认可度;（3）提高用人的透明度。

3. 教师培养的途径

教师培养的途径见表4-2。

表4-2　教师培养的途径

培养途径	具体内容
外部培训	学历培训、上岗培训、专题培训、专题观摩和专题研讨会等由外部机构组织的培训
内部培训	在岗培训、工作主题培训、案例分析培训、教育科研培训等由园所直接根据工作需要与员工发展的需要而组织的培训

（四）幼儿园教师激励

幼儿园教师激励方式见表4-3。

表4-3　幼儿园教师激励方式

激励方式	具体内容
绩效考评和薪酬激励	教师的考核评价制度和聘用管理制度、进修培训制度、奖惩制度等共同构成了教师管理制度的基石。 幼儿园教师的绩效考评应包括业绩考评、能力考评和态度考评。 （1）业绩考评是评定和估价教师承担岗位工作的成果 （2）能力考评是考评教师在岗位工作过程中显示和发挥出来的能力 （3）态度考评是以考核工作的认真度、责任度，工作的努力程度，是否有干劲、有热情，是否忠于职守，是否服从命令等为重点的激励方式
参与激励	教职员工参与管理有多种形式：鼓励教师和园长在一起讨论目标与计划，允许他们表达意见、提出报告，或者将他们的名字列在报告或备忘录上；让教师出席重要会议，并鼓励他们在会上发言；等等
赏识、尊重激励	尊重是一种最人性化、最有效的激励手段之一。以尊重、重视员工的方式来激励他们，其效果远比物质上的激励要来得更持久、更有效。可以说，尊重是激励员工的法宝，其成本之低，成效之卓，是其他激励手段难以企及的
榜样激励	园领导要热爱幼教事业，勤于学习，乐于钻研，关心职工，平易近人，实事求是，廉洁公正，为教职员工树立良好的榜样。同时，管理者还应该积极营造创先争优的氛围，树立工作榜样和典范，在团队里挑选成绩突出、品德高尚、作风正派的员工作为榜样，让其他员工"学有榜样，比有标杆"，从而激发每个员工内心深处的主动性和内在潜力
情感激励	情感是激励教师工作积极性的基本元素，而情感来自沟通。园长要多了解、理解和关心教师，主动走到员工中去，经常与教师交流、谈心，与教师进行心灵层面的真诚沟通

（五）幼儿园教师考核

幼儿园教师考核是一项非常细致的工作，必须注意以下问题：（1）科学地确定考核标准；（2）实施考核；（3）考评面谈；（4）制订改进计划；（5）工作改进的指导。

【真题训练】

1.（2021.4）（单项选择题）：对生病、生孩子的教师,园长亲临问候,使教师得到精神慰藉,这属于(　　)。

A. 参与激励 　　　　　　　　　B. 情感激励

C. 赏识激励 　　　　　　　　　D. 尊重激励

【答案】B

【解析】情感是激励教师工作积极性的基本元素,而情感来自沟通。园长要多了解、理解和关心教师,主动走到员工中去,经常与教师交流、谈心,与教师进行心灵层面的真诚沟通。题干中对生病、生孩子的教师,园长亲临问候,使教师得到精神慰藉,属于情感激励。

2.（2020.8）（单项选择题）：管理心理学的双因素理论认为,引起人行为动机的因素主要有保健因素和激励因素,不属于保健因素的是(　　)。

A. 工作责任 　　　　　　　　　B. 人事关系

C. 工资待遇 　　　　　　　　　D. 工作条件

【答案】A

【解析】管理心理学的双因素理论认为,引起人行为动机的因素主要有两种:一种叫保健因素,如工作条件、人事关系、工资待遇等;另一种叫激励因素,如工作责任的大小、个人成就的高低、工作成绩的认可度等,选项 A"工作责任"属于激励因素,不属于保健因素。

3.（2019.4）（单项选择题）：不属于幼儿园管理人员的是(　　)。

A. 园长 　　　　　　　　　　　B. 教师

C. 保教主任 　　　　　　　　　D. 副园长

【答案】B

【解析】幼儿园工作人员包括教师、保育员、管理人员(园长、副园长、保教主任)、医务人员、炊事员、事务人员及其他工作人员。教师不属于幼儿园的管理人员。

考点四：幼儿园人力资源管理的过程

现代人力资源管理大致分为三个阶段:人力资源规划阶段、人力资源管理实施阶段、人力资源管理的总结评价阶段。

（一）制订幼儿园人力资源规划及人力资源管理制度建设

1.制订幼儿园人力资源规划

（1）人力资源规划的含义

人力资源规划是组织的发展战略和经营计划,评估组织的人力资源现状及发展趋势,收集和分析人力资源供给与需求方面的信息和资料,预测人力资源供给和需求的发展趋势,制订人力资源招聘、调配、培训、开发及发展计划等。

（2）人力资源规划的内容

人力资源规划的内容包括：教师引进、测评、选拔、职业发展规划、培训开发、薪酬系统建设，教职工问题处理等。

（3）人力资源规划的功能

人力资源规划的主要功能和目的在于预测人力资源需求和可能的供给，确保幼儿园在合适的时间获得所需的合格人员。

（4）制订人力资源规划的措施

人力资源规划的制订应结合幼儿园人力资源成本和幼儿园岗位分析等来进行。人力资源会计工作可以开展幼儿园人力资源投入成本和产出效益的预算，还可以为决策部门提供准确的信息和量化管理的依据。对幼儿园中的各个工作岗位进行分析，以确定每一个岗位对教职工的具体要求，形成工作岗位职责说明书，用以人才招聘、培训、调配、晋升等。

2. 人力资源管理制度建设

幼儿园人力资源管理制度的划分见表4-4。

表4-4　幼儿园人力资源管理制度的划分

划分方式	内容
一般划分	幼儿园人力资源责任人工作职责 幼儿园人力资源管理制度
具体划分	幼儿园教职工聘任制度 劳动合同管理制度 教职工考勤制度 人力资源档案管理制度 幼儿园人力资源考核制度 幼儿园人力资源培养激励制度

（二）幼儿园人力资源管理实施

幼儿园人力资源管理实施是人力资源管理的中心环节，包括人员的选聘、使用、培训及发展等。

幼儿园人力资源管理实施具体包括以下方面（见表4-5）。

表4-5　幼儿园人力资源管理实施

四个实施方面	具体阐释
人与事的匹配	对人员工作的安排
人的需求与工作报酬的匹配	人员工资待遇
人与人的协调合作	幼儿园内部的人际关系
工作与工作的协调合作	班子关系与制度建立

1.幼儿园教职员工的招聘管理

幼儿园教职员工的招聘程序为:制订招聘计划、开通招聘渠道、组织落实招聘工作、初试、复试、录用与配置、总结与评价。

(1)专业技术岗位

幼儿园专业技术岗位分为两个系列,如图4-2所示。

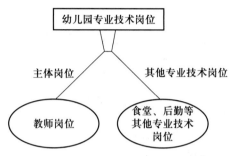

图4-2　幼儿园专业技术岗位系列

(2)教师的招聘与录用

幼儿园教师招聘和录用标准内容丰富,但应参考2012年教育部颁布的《幼儿园教师专业标准》,重点突出以下评估内容,如图4-3所示。

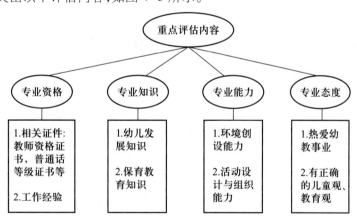

图4-3　对教师岗位应聘人员的评估内容

2.劳资关系的管理

幼儿园的劳资关系主要包括职工的聘用与辞退、劳动合同的签订与履行、职业培训、工作时间与劳动保护、劳动纪律与奖惩、劳动报酬与福利等。以《劳动法》以及与之相配套的相关法规为劳动管理的主要法律依据。

3.全员劳动合同管理

教职工聘任上岗以后,通过签订"劳动合同",进一步明确各自的权利和责任,使教职工的工作动力与压力共存。

4.人力资源的开发管理

(1)教职员工的生涯规划和培训管理

幼儿园应指导教职员工的职业生涯规划,帮助其规划个人的职业生涯发展,提供专业化及职业生涯发展的条件,稳定幼儿园的师资队伍,做到用事业留人、情感留人。

幼儿园应科学地组织和实施全员性培训和专题性培训,以提高教职员工的专业水平和工作能力。

（2）实施科学的绩效考核

所谓绩效考核,就是根据人力资源管理的需要,考核员工的工作结果及影响其工作结果的行为、表现和素质特征的活动。绩效考核的指标、内容、方法见表4-6。

表 4-6　绩 效 考 核

绩效考核指标	具体内容	考核方法
业绩考评	对教师承担岗位工作的成果所进行的评定	上级考评 同事考评 家长考评 自我考评 幼儿考评
能力考评	依据岗位说明书规定的岗位要求,考评教职员工在岗位工作过程中显示和发挥出来的能力	
态度考评	考核教职员工工作的认真度、责任度,工作的努力程度,是否有干劲、有热情,是否忠于职守,是否服从命令等	

（三）人力资源管理的总结阶段

该阶段是对人力资源管理的整个过程进行分析和评价,肯定成绩,找出问题,总结经验和教训,为幼儿园下一步人力资源管理工作提供信息和依据。

【真题训练】

1.（2021.10）（单项选择题）:幼儿园教师招聘和录用标准中,属于专业资格评估内容的是（　　）。

A. 工作经验　　　　　　　　　　B. 儿童心理学知识

C. 正确的儿童观　　　　　　　　D. 活动设计与组织能力

【答案】A

【解析】对教师岗位应聘人员的评估内容中,属于专业资格评估内容的有:（1）相关证件,如教师资格证书,普通话等级证书等;（2）工作经验。

2.（2020.8）（单项选择题）:作为整个人力资源管理的基础,甚至在一定程度上决定幼儿园长远健康发展的是（　　）。

A. 人力资源内容　　　　　　　　B. 人力资源措施

C. 人力资源培训　　　　　　　　D. 人力资源规划

【答案】D

【解析】人力资源规划是整个人力资源管理的基础,甚至在一定程度上决定了幼儿园的长远健康发展。一所幼儿园在人力资源政策上如果出现了较严重的问题,往往是因为没有制定一个科学细致的人力资源规划。

考点五：幼儿园教师管理策略

（1）有进有出、能上能下，建立人员流动机制。

（2）建立和谐的人际关系，营造宽松的组织氛围。

（3）尊重理解、关心爱护，创设良好的心理环境。

（4）形成独特的幼儿园文化，提升教师的团队精神。

四、　同步强化练习

（一）单项选择题

1. 幼儿园人力资源管理的基本任务是（　　）。

A. 设置组织　　　　　　　　　　　B. 合理用人

C. 提高效率　　　　　　　　　　　D. 精简机构

2. 上岗培训和学历培训属于（　　）。

A. 职前培训　　　　　　　　　　　B. 外部培训

C. 网络培训　　　　　　　　　　　D. 内部培训

3. 一般规模的幼儿园里人力资源责任人是（　　）。

A. 园长　　　　　　　　　　　　　B. 人力资源部

C. 人事处主任　　　　　　　　　　D. 副园长

4. 幼儿园专业技术的主体岗位是（　　）。

A. 保育员岗位　　　　　　　　　　B. 教师岗位

C. 医务人员岗位　　　　　　　　　D. 管理岗位

5. 在人事方面，被幼儿园聘用的人员与幼儿园形成了一种雇佣与被雇佣的劳资关系，对双方合法权益进行规范的法律文件是（　　）。

A.《中华人民共和国教育法》　　　　B.《幼儿园教育指导纲要》

C.《幼儿园工作规程》　　　　　　　D.《中华人民共和国劳动合同法》

（二）多项选择题

1. 幼儿园专业人员中包括（　　）。

A. 园长　　　　　　　　　　　　　B. 教师

C. 医务人员　　　　　　　　　　　D. 保育人员

E. 炊事员

2. 属于幼儿园管理岗位的有（　　）。

A. 园长　　　　　　　　　　　　　B. 副园长

C. 医务人员　　　　　　　　　　　D. 教师

E. 事务人员

3. 幼儿园合理配置教师结构，应强调（　　）。

A. 专业结构合理　　　　　　　　　B. 年龄结构合理

C. 学历比例合理　　　　　　　　　D. 性别结构合理

E. 法律结构合理

4. 幼儿园人力资源管理制度具体包括(　　)。

A. 教职工聘任制度　　　　　　　　B. 劳动合同管理制度

C. 教职工考勤制度　　　　　　　　D. 人力资源档案管理制度

E. 人力资源考核制度

（三）名词解释题

1. 幼儿园人力资源管理

2. 人本原则

（四）简答题

1. 简述幼儿园教师任用与培养的内容。

2. 简述幼儿园教师考核时必须注意的问题。

（五）论述题

试述如何对幼儿园教师进行激励。

五、参考答案及解析

（一）单项选择题

1.【答案】B

【考点】幼儿园教师任用与培养

【解析】合理用人是幼儿园人力资源管理的基本任务。

2.【答案】B

【考点】幼儿园教师任用与培养

【解析】管理者对教师的培养途径中的外部培训,包括学历培训、上岗培训、专题培训、专题观摩和专题研讨会等由外部机构组织的培训。

3.【答案】A

【考点】幼儿园人力资源管理的过程

【解析】一般规模的幼儿园里人力资源责任人为园长,大规模幼儿园有专门的人力资源部。

4.【答案】B

【考点】幼儿园人力资源管理的过程

【解析】幼儿园专业技术的主体岗位是教师岗位,其他专业技术岗位是食堂、后勤等岗位。

5.【答案】D

【考点】幼儿园人力资源管理的过程

【解析】被幼儿园聘用的人员,与幼儿园形成了一种雇佣与被雇佣的劳资关系,为了保护双方的合法权益,应遵照《中华人民共和国劳动合同法》,就教职工的工资、福利、工作条件和环境等事宜达成一定协议,签订劳动合同。

（二）多项选择题

1.【答案】ABCD

【考点】幼儿园人力资源管理的内容

【解析】幼儿园园长、教师、保育人员、医务人员属于专业人员。

2.【答案】ABE

【考点】幼儿园人力资源管理的内容

【解析】幼儿园管理岗位是指幼儿园园长、副园长、事务人员及其他工作人员。

3.【答案】ABCD

【考点】幼儿园人力资源管理的内容

【解析】在教师的配置上,应强调合理的队伍结构。第一,专业结构要合理;第二,应保障年龄结构合理;第三,讲求教师学历比例合理;第四,性别结构要合理。

4.【答案】ABCDE

【考点】幼儿园人力资源管理的过程

【解析】人力资源管理制度具体包括:幼儿园教职工聘任制度、劳动合同管理制度、教职工考勤制度、人力资源档案管理制度、幼儿园人力资源考核制度、幼儿园人力资源培养激励制度等。

（三）名词解释题

1. 幼儿园人力资源管理,就是指运用现代化的科学方法,对与一定物力相结合的人力进行合理的培训、组织和调配,使人力、物力经常保持最佳比例,同时对人的思想、心理和行为进行恰当的引导、控制和协调,充分发挥人的主观能动性,使人尽其才,事得其人,人事相宜,以实现组织目标。

2. 人本原则要求根据个人的能力和特点把其安排在合适的工作岗位,使之充分发挥聪明才智。

（四）简答题

1. 幼儿园教师任用与培养的内容有:

（1）建立合理的教职工群体结构。

（2）合理用人是幼儿园人力资源管理的基本任务。

（3）教师培养。

2. 幼儿园教师考核时必须注意的问题有:

（1）科学地确定考核标准。

（2）实施考核。

（3）考评面谈。

（4）制订改进计划。

（5）工作改进的指导。

（五）论述题

幼儿园教师激励的方式有如下几种：

（1）绩效考评和薪酬激励。

教师的考核评价制度和聘用管理制度、进修培训制度、奖惩制度等共同构成了教师管理制度的基石。

幼儿园教师的绩效考评应包括业绩考评、能力考评和态度考评。业绩考评是对教师承担岗位工作的成果所进行的评定和估价；能力考评是依据岗位说明书规定的岗位要求，考评在岗位工作过程中显示和发挥出来的能力；态度考评的重点是考核工作的认真度、责任度，工作的努力程度，是否有干劲、有热情，是否忠于职守，是否服从命令等。

（2）参与激励。

教职员工参与管理有多种形式：让教师出席重要会议，并鼓励他们在会上发言；鼓励教师和园长在一起讨论目标与计划，允许他们表达意见、提出报告，或者将他们的名字列在报告或备忘录上，等等。

（3）赏识、尊重激励。

幼儿园可以开展阳光教师评比活动，通过全体教职工投票选举产生奉献之星、关爱之星、微笑之星、才艺之星、创新之星、好学之星、进取之星、服务之星等，让阳光教师成为其他教师行为标杆的同时，充分地激发他们的内在驱动力，让每个岗位上的员工找到自己的发展坐标。另外，还可以为各种荣誉获得者、各种教学比赛获奖者开表彰会，激发教师不断前进的欲望。

（4）榜样激励。

园领导要热爱幼教事业，勤于学习，乐于钻研，关心职工，平易近人，实事求是，廉洁公正，为教职员工树立良好的榜样。

（5）情感激励。

园长要多了解、理解和关心教师，主动走到员工中去，经常与教师交流、谈心，与教师进行心灵层面的真诚沟通。可以说，没有沟通就不可能有激励。

第五章
幼儿园保教工作及教科研管理

一、 教材知识思维导图

本章知识思维导图见图 5-1。

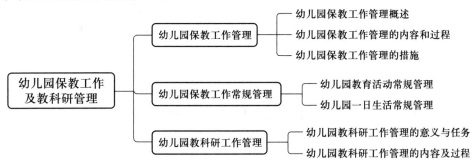

图 5-1　本章知识思维导图

二、 本章考核的知识点与考核要求

本章需识记的内容有：(1) 幼儿园保教工作管理的内容；(2) 幼儿园教科研工作管理的任务；(3) 幼儿园教科研工作管理的内容。

本章需领会的内容有：(1) 幼儿园保教工作管理的意义；(2) 幼儿园保教工作常规管理；(3) 幼儿园一日生活常规管理的特点；(4) 幼儿园教科研工作管理的意义；(5) 幼儿园教科研工作管理的过程。

本章需应用的内容有：(1) 幼儿园保教工作管理的过程；(2) 幼儿园保教工作管理的措施；(3) 幼儿园教师一日工作流程；(4) 保育员一日工作流程；(5) 幼儿园一日活动流程优化管理的措施；(6) 实地考察三所幼儿园的保教管理工作,总结其经验,分析其不足；(7) 参与幼儿园教科研活动；(8) 制订幼儿园教科研工作管理的措施,进行教科研工作的规范化管理；(9) 结合幼儿园教科研工作的实际,制订幼儿园教科研规划,并组织与开展教科研活动。

三、 重难点知识精讲

幼儿园保教工作即对幼儿的保育和教育。幼儿园保教工作管理是提高幼儿园办园质量和幼儿全面发展的根本保障。

"保育"和"教育"的区别见表 5-1。

表 5-1　"保育"和"教育"的区别

保育	精心照料幼儿生活,保护幼儿健康,包括建立健全科学合理的饮食、睡眠等生活制度;注意个人和环境卫生,预防疾病,保证安全;科学开展体育锻炼,增强幼儿体质,培养良好的生活习惯,以及维护幼儿心理健康等
教育	积极贯彻国家的教育方针,坚持保育与教育相结合的原则,对幼儿实施体、智、德、美诸方面全面发展的教育,包括促进幼儿身体正常发育和机能的协调发展,发展幼儿智力,培养正确运用感官、运用语言交往的基本能力,培养良好的品德行为和习惯等

【真题训练】

1.(2020.10)(单项选择题):提高幼儿园办园质量和幼儿全面发展的根本保障是(　　)。

A. 教育教学活动　　　　　　　　B. 保教工作管理

C. 班级管理　　　　　　　　　　D. 家长工作

【答案】B

【解析】幼儿园保教工作管理是提高幼儿园办园质量和幼儿全面发展的根本保障。

2.(2020.8)(单项选择题):幼儿的年龄特点决定了幼儿园教育的特殊性,主要体现在(　　)。

A. 教育生活化上　　　　　　　　B. 教育游戏化上

C. 保育为主上　　　　　　　　　D. 保教结合上

【答案】D

【解析】幼儿园保教工作即对幼儿的保育和教育。幼儿的年龄特点决定了幼儿园教育的特殊性,主要体现在保育与教育相结合上。

(一) 幼儿园保教工作管理的内容

1. 建立和完善幼儿园保教工作组织系统

幼儿园保教工作管理可分为三个层次,分别为高层管理、中层管理和基层管理,可建立保教工作管理的三级管理机构并配置相应人员,给不同层次管理人员赋予不同的管理权限,管理人员承担相应的管理责任。幼儿园保教工作管理的内容见表5-2。

表 5-2 幼儿园保教工作管理的内容

保教工作管理层级	人员组成	主要职责
高层管理	园长、业务副园长	① 确定保教战略目标,制订工作计划;② 建立有效的保教组织机构和规章制度;③ 做好选人、用人工作;④ 科学决策;⑤ 深入联系群众,深入调查;⑥ 学习提高
中层管理	保教主任或班长	① 做好保教高层领导的参谋助手;② 深入实际,了解信息;③ 贯彻决策;④ 检查基层组织和人员执行上级指令的情况,并及时反馈
基层管理	班主任、教师、保育员	① 保教结合,全面安排幼儿的生活和活动;② 在观察了解幼儿的基础上,制订教育目标和计划,开展多种形式的活动;③ 创设良好的、适合并促进幼儿发展的环境;④ 班级卫生安全工作;⑤ 家园合作,共同促进幼儿全面发展

2. 建立健全幼儿园保教管理制度

幼儿园保教管理制度有"幼儿园保教工作常规管理制度""幼儿生活作息制度""听课备课制度""幼儿园一日生活常规细则"等。

（二）幼儿园保教工作管理的过程

幼儿园保教工作管理的过程就是制订和执行保教工作计划以及检查和总结保教工作的过程。

1. 保教工作计划的制订

保教工作计划的制订要注意三点要求:(1) 可操作性;(2) 联系性;(3) 针对性。

学期保教工作计划主要包括对上学期保教工作状况的分析,本学期保教工作的目标、重点任务、完成任务所采取的具体措施和方法、逐月工作安排等几项内容。

保教工作计划分为学年计划、学期计划和班级计划。班级计划又包括学期计划、月计划和周计划、日计划等。

2. 保教计划的执行与检查总结

幼儿园保教工作计划的执行及检查总结是幼儿园保教质量提高的保证。

【真题训练】

1.(2022.4)(单项选择题):属于保教工作高层管理人员的是(　　　)。

A. 园长　　　　　　　　　　　　B. 保教主任

C. 班主任　　　　　　　　　　　D. 班长

【答案】A

【解析】保教工作的高层管理人员由园长、业务副园长组成。

2.（2021.10）（单项选择题）：保教工作的基层组织是（   ）。

A. 教研组   B. 班级

C. 年级   D. 事务组

【答案】B

【解析】保教工作的基层组织为班级，人员组成有班主任、教师、保育员。

考点三：幼儿园保教工作管理的措施

（1）更新保教管理观念，加强幼儿园管理制度建设。

（2）强化培训，提高幼儿园保教人员的综合素质。

（3）规范管理，切实提高幼儿园保教质量。

教师和保育员是幼儿园保教工作的主体。为提高保育质量，幼儿园应把提高保育员素质列为工作重点，以提高保教工作质量。

保育员管理措施如下：① 建立保育员工作及发展的长效机制；② 建立保育员工作激励机制；③ 建立保育员工作评价机制。

（4）调整管理思路，推进保教结合工作的具体落实。

① 政府和教育行政部门应加大政策支持和制度保障，使幼儿教师的社会地位得以提升，对幼儿教师起始学历提出更高要求，让幼师队伍吸纳更多优秀人才。

② 调整管理思路，实行保教轮岗制度。在幼儿园实行保育员与教师轮岗制度，能激活幼儿园管理，促进保教人员积极、主动地发展。

【真题训练】

（2018.4）（单项选择题）：幼儿园保教工作的主体是（   ）。

A. 园长   B. 保教主任

C. 教师和保育员   D. 业务副园长

【答案】C

【解析】幼儿园保教工作的主体是教师和保育员。

考点四：幼儿园教育活动常规管理

教育活动常规管理的主要内容包含教育活动计划管理、教育活动组织管理、教育活动过程管理、家园与社区工作管理、教育资源管理等。

（一）教育活动计划管理

幼儿园教育活动计划主要包括：教育教学工作计划、教科研工作计划、班级保教工作计划，以及月计划、周计划、日计划等，具体制订主体及主要内容要求见表5-3。

表 5-3　幼儿园教育活动计划的类型和主要内容要求

计划类型	制订主体	主要内容要求
教育教学工作计划	分管教学的副园长	主要包括教师培训工作(园本培训、外出培训),常规教学工作(一日生活的组织、幼儿一日生活常规的培养、环境创设等),教师的专业发展(教学基本功训练、优质课评比等),幼儿的发展(德育工作、养成教育、发展评估等),制订具体可行的工作目标和措施(一般按月份安排)
教科研工作计划	教科研组长	根据教师和幼儿发展的实际情况确定指导思想,提出教科研课题,确定教科研活动的时间、地点、内容、完成形式等
班级保教工作计划	班长组织班级全体教师和保育员共同协商	结合本班幼儿情况(包括幼儿人数,上学期情况,生活、学习态度和习惯等),制订本学年(学期)的工作重点和具体的工作措施、月份安排,包括养成教育、保教工作、家长工作、安全工作等方面
月计划	教师	月目标与学期目标之间要体现层次分解性,本月目标与上月目标之间应体现渐进发展性;围绕月目标选择的教育内容应体现整体性、季节性,并制订与之相应的措施。主题活动计划应包含在月计划的整体框架下,与月计划融为一体
周计划	教师	要突出各类活动的安排,注意新旧内容量,五大领域及三大游戏安排要平衡,保证游戏活动和自由活动的时间
日计划	教师	依据幼儿年龄特点,精心设计方案,有重点与难点,生活活动、游戏活动、区域活动计划应目标明确,有指导重点

（二）教育活动组织管理

（1）幼儿园的教育活动管理要体现科学性、人文性。

（2）各班教师要形成合力,互相合作。

（3）做好家园联系工作。

（4）构建符合本园实际的园本教科研制度,探索多元的园本教科研方式。

（三）教育活动过程管理

教育活动过程管理包括课程设置、课程内容选择、课程表的制定及课程进度安排等。

（四）家园与社区工作管理

（1）建立家长委员会和家长学校。

（2）采用多种有效方式指导家长工作。

（五）教育资源管理

（1）规范管理档案资料。

（2）加强保教设备建设。

【真题训练】

1.（2021.10）（单项选择题）：幼儿园教学常规管理工作的第一负责人是（　　）。

A. 业务副园长　　　　　　　　　　　B. 园长

C. 教师和保育员　　　　　　　　　　D. 保教主任

【答案】B

【解析】园长应是幼儿园教学常规管理工作的第一负责人，各个幼儿园都应建立组织实施常规工作的组织机构，并接受教育行政部门和教科研部门的监督指导。

2.（2019.10）（单项选择题）：突出各类活动的安排，注意新旧内容量，五大领域及三大游戏安排要平衡，保证游戏活动和自由活动的时间，这是幼儿园教育活动计划中（　　）。

A. 科研计划的要求　　　　　　　　　B. 教育教学计划的要求

C. 周计划的要求　　　　　　　　　　D. 日计划的要求

【答案】C

【解析】周计划要突出各类活动的安排，注意新旧内容量，五大领域及三大游戏安排要平衡，保证游戏活动和自由活动的时间。

考点五：幼儿园一日生活常规管理

幼儿园一日活动是指幼儿园班级每天进行的所有教育活动。

幼儿园一日常规管理就是幼教工作者和幼儿每天在幼儿园一日生活中应该遵守的基本行为规范。具体包括三方面：遵守各种活动和休息的时间及顺序的规定；遵守一日生活各环节具体制度的规定；遵守幼儿一般行为规范的规定。

幼儿园一日生活常规管理内容见表5-4。

表 5-4　幼儿园一日生活常规管理

一日生活常规管理	具体内容
幼儿园教师与保育员一日工作流程	教师与保育员一日工作流程与幼儿园一日生活流程相对应，即幼儿在幼儿园中所有活动的内容及顺序，包括以下方面：入园、早餐、集体教育活动、游戏、盥洗、午餐、如厕、午睡、户外活动、离园等
幼儿园一日活动常规的特点	（1）一日活动保教合一；（2）一日活动以游戏为基本活动；（3）一日活动的多样性（这个多样性既是内容上的多样性，同时也指组织形式上的多样性），不同的活动内容和活动形式在幼儿发展中有不同的价值；（4）一日活动的整体性。各类型的活动是不断转换的

续表

一日生活常规管理	具体内容
幼儿园一日活动流程优化管理的措施	（1）在环节管理中，精心设计，确保高效顺畅 ① 优化活动设置，实现一日活动流程的有效平衡 ② 合理安排工作时间，实现一日活动中保教人员的有效配合 ③ 关注操作细节，实现一日活动的有益开展 ④ 融合过渡环节，实现一日活动环节的有机衔接 （2）在人员管理中，明确责任，确保教师、保育员密切合作 ① 强化教师保育意识，让教师了解保育员的工作职责 ② 提高保育员的参教意识，让保育员明确教师的教育要求 （3）在环境管理中，用心营造环境，为一日活动的开展创设适宜的空间氛围 幼儿园一日活动流程优化管理，就是要做到：① 环节过渡要自然合理，衔接紧凑；② 彼此兼容，灵活安排

【真题训练】

（2022.4）（单项选择题）：幼儿园的一日活动常规管理既要有利于形成秩序，又要能满足幼儿的合理需要，照顾到个别差异，这体现了一日活动常规的（　　）。

A. 全面性和个体性　　　　　　　　　B. 合理性与稳定性

C. 稳定性与灵活性　　　　　　　　　D. 多样性与个体性

【答案】C

【解析】时间安排应有相对的稳定性与灵活性，既有利于形成秩序，又能满足幼儿的合理需要，照顾到个别差异。

考点六：幼儿园教科研工作管理的意义与任务

（一）幼儿园教科研工作管理的意义

（1）教科研活动有利于提高教育质量。

（2）教科研活动有利于促进教师业务水平的提高。

（3）教科研活动可以激发教师的敬业精神。

（二）幼儿园教科研工作管理的任务

（1）组织教师进行行业务学习。

（2）组织交流活动。

（3）集体备课。

（4）研究教育实践中遇到的热点、难点问题。

（5）编写教材，设计教学活动。

（6）开展课题研究。

【真题训练】

1.（2020.10）（单项选择题）：幼儿园可持续发展的生命线是（   ）。

A. 保育教育费   B. 办园理念

C. 教育科研   D. 集体教学

【答案】C

【解析】教育科研是幼儿园可持续发展的生命线。

2.（2020.8）（单项选择题）：幼儿园教科研工作的主体是（   ）。

A. 保教人员   B. 园长

C. 教研主任   D. 年级组长

【答案】A

【解析】幼儿园教科研工作是以保教人员为主体，以保教实践为基础，有目的、有计划地运用教育规律与教育原则，用科学的方法，解决保教工作中的实际问题，提高保教工作质量的研究活动。

考点七：幼儿园教科研工作管理的内容及过程

（一）幼儿园教科研工作管理的内容

（1）加强教科研组的建设。

（2）健全教科研学习制度。

（3）规范日常教科研活动。

（4）加大管理力度。

（5）实施课题研究。

（6）完善教科研管理制度。

（二）幼儿园教科研工作管理的过程与措施

（1）构建幼儿园教科研工作的管理体系。

（2）重视教科研工作的管理与指导。

（三）教科研活动的规范化管理

（1）教科研活动过程的规范化。

（2）教科研活动材料管理的规范化。

（四）园本教研

幼儿园园本教研是以幼儿园为本位，以幼儿教师为研究主体，从幼儿园的实情出发，立足教学实践,以行动研究为主要方式,致力于提高教师解决教育教学中实际问题的能力,服务于幼儿园发展需要,服务于幼儿发展需要,服务于教师专业发展需要的教育教学研究。

园本教研是幼儿园开展教研活动的基本形式。

园本教研以幼儿教师的专业发展为重要目标,强调教师教研主体地位的发挥,始终把教师自我反思、同伴互助和专业引领作为园本教研的基本策略,是幼儿教师专业成长的有效途径。

园本教研的过程是一个动态、开放的过程,教研类型多样,教研参与面广泛,重视发挥教师群体互助的力量,重视发挥专业引领的作用。

【知识拓展】

幼儿园园本教研方案的特点

(1) 针对性:聚焦真问题

教研的价值在于利用群体的智慧,解决教育中存在的问题。教研活动应着眼于分析教师、寻找问题、分析问题、聚焦问题、解决问题,因此,有效的教研需要克服随意性,在制订教研方案时,一定要找到有价值的真问题。什么是真问题? 这需要管理者和教师仔细分析,认真辨别。

(2) 操作性:可以有效地组织实施

在现实生活中,有的园本教研方案看起来雄心很大,干劲十足,但操作起来则成了镜中花、水中月;而有的园本教研方案线条粗放、浮于表面,不能发挥纲领性指导作用。因此,教研预设要适切,具有可操作性,避免大而空的描述和粗放化的计划。

(来源:刘敏.幼儿园文案撰写规范与技巧[M].北京:中国轻工业出版社,2019.)

【真题训练】

1. (2021.10)(单项选择题):幼儿园教科研工作开展的基本条件是( )。

A. 教科研活动组织　　　　　　　　　B. 教科研活动制度

C. 教科研活动场地　　　　　　　　　D. 教科研活动经费

【答案】A

【解析】教科研活动组织是教科研工作开展的基本条件。

2. (2021.4)(单项选择题):幼儿园教科研活动的执行层是( )。

A. 年级组层　　　　　　　　　　　　B. 园长层

C. 教科研组层　　　　　　　　　　　D. 教师层

【答案】D

【解析】教师是教科研活动的执行层,教科研活动最终要靠所有教师的共同参与来完成。

3. (2019.10)(单项选择题):幼儿园开展教研活动的基本形式是( )。

A. 园本教研　　　　　　　　　　　　B. 集体备课

C. 园本培训　　　　　　　　　　　　D. 小组学习

【答案】A

【解析】园本教研是幼儿园开展教研活动的基本形式。

四、同步强化练习

（一）单项选择题

1. 以下属于保教工作的中层管理人员的是（　　）。

A. 园长　　　　　　　　　　　　B. 保教主任

C. 班主任　　　　　　　　　　　D. 业务副园长

2. 根据幼儿园整体工作计划，围绕教育教学的中心任务，从提高教师的专业水平和保教质量角度，由分管教学的副园长制订的计划称为（　　）。

A. 幼儿园科研计划　　　　　　　B. 幼儿园教育教学计划

C. 班级保教工作计划　　　　　　D. 月计划

3. 一般幼儿园的教科研活动组织的层次分为园长层、教科研组层和（　　）。

A. 事务人员层　　　　　　　　　B. 保教组层

C. 教师层　　　　　　　　　　　D. 保育员层

（二）多项选择题

1. 保教工作的高层管理人员包括（　　）。

A. 园长　　　　　　　　　　　　B. 业务副园长

C. 保教主任　　　　　　　　　　D. 教师

E. 班主任

2. 班级保教工作职责为（　　）。

A. 保教结合，全面安排幼儿的生活和活动

B. 在观察了解幼儿的基础上，制订教育目标和计划，开展多种形式的活动

C. 创设良好的、适合并促进幼儿发展的环境

D. 班级卫生安全工作

E. 家园合作，共同促进幼儿全面发展。

3. 保教工作计划中的班级计划主要包括（　　）。

A. 学年计划　　　　　　　　　　B. 学期计划

C. 月计划　　　　　　　　　　　D. 周计划

E. 日计划

4. 教科研活动的规范化管理主要指（　　）。

A. 教科研活动过程的规范化　　　B. 教科研活动材料管理的规范化

C. 教科研活动方法的规范化　　　D. 教科研活动反思的规范化

E. 教科研活动形式的规范化

（三）名词解释题

1. 保教工作计划

2. 幼儿园一日活动

（四）简答题

1. 简述幼儿园保教工作管理的内容。

2. 简述幼儿园保教工作管理的措施。

3. 简述幼儿园教育教学计划的主要内容。

（五）论述题

1. 试述幼儿园一日活动流程优化管理的措施。

2. 试述幼儿园教科研工作管理的意义。

五、参考答案及解析

（一）单项选择题

1.【答案】B

【考点】幼儿园保教工作管理的内容

【解析】保教工作的中层管理人员由保教主任或班长组成。

2.【答案】B

【考点】幼儿园教育活动常规管理

【解析】幼儿园教育教学计划主要由分管教学的副园长制订。应根据幼儿园整体工作计划，围绕教育教学的中心任务，从提高教师的专业水平和保教质量的角度来制订该类计划。

3.【答案】C

【考点】幼儿园教科研工作管理的内容

【解析】一般幼儿园的教科研活动组织有三个层次：园长层、教科研组层、教师层。

（二）多项选择题

1.【答案】AB

【考点】幼儿园保教工作管理的内容

【解析】保教工作的高层管理人员由园长、业务副园长组成。

2.【答案】ABCDE

【考点】幼儿园保教工作管理的内容

【解析】班级保教工作的职责有以下五点：① 保教结合，全面安排幼儿的生活和活动；② 在观察了解幼儿的基础上，制订教育目标和计划，开展多种形式的活动；③ 创设良好的、适合并促进幼儿发展的环境；④ 班级卫生安全工作；⑤ 家园合作，共同促进幼儿全面发展。

3.【答案】BCDE

【考点】保教工作计划的制订

【解析】班级计划包括学期计划、月计划、周计划、日计划等。

4.【答案】AB

【考点】教科研活动的规范化管理

【解析】教科研活动的规范化管理包括教科研活动过程的规范化和教科研活动材料管理的规范化。

（三）名词解释题

1. 保教工作计划是确定在计划期内，为了实现幼儿园保教工作目标和任务，对保教工作的内容、措施等问题进行合理安排，进而设计达到目标的具体行动方案。保教工作计划具有指导保教工作的作用。

2. 幼儿园一日活动是指幼儿园班级每天进行的所有教育活动。幼儿园一日生活各环节蕴含的教育价值要得到充分、有效的发挥，离不开对一日生活的合理安排。

（四）简答题

1. 幼儿园保教工作管理的内容有：（1）建立和完善幼儿园保教工作组织系统。（2）建立健全幼儿园保教管理制度。

2.（1）更新保教管理观念，加强幼儿园管理制度建设。

（2）强化培训，提高幼儿园保教人员的综合素质。

（3）规范管理，切实提高幼儿园保教质量。

（4）调整管理思路，推进保教结合工作的具体落实。

3. 幼儿园教育教学计划主要包括教师培训工作（园本培训、外出培训），常规教学工作（幼儿一日生活的组织、一日生活常规的培养，环境创设等），教师的专业发展（教学基本功训练、优质课评比等），幼儿的发展（德育工作、养成教育、发展评估等），制订具体可行的工作目标和措施（一般按月份安排）。

（五）论述题

1.（1）在环节管理中，精心设计，确保高效顺畅。

① 优化活动设置，实现一日活动流程的有效平衡。一日活动设置是否合理科学，直接关系到幼儿身心的健康发展。② 合理安排工作时间，实现一日活动中保教人员的有效配合。教师和保育员明确分工，密切合作，注意保持教育的一致性和一贯性，共同实现保教任务，保证班级保教质量。③ 关注操作细节，实现一日活动的有益开展。④ 融合过渡环节，实现一日活动环节的有机衔接。

（2）在人员管理中，明确责任，确保教师、保育员密切合作。

在保教过程中，带班教师、配班教师及保育员需密切配合。首先要强化教师保育意识，让教师了解保育员的工作职责；其次，要提高保育员的参教意识，让保育员明确教师的教育要求。

（3）在环境管理中，用心营造环境，为一日活动的开展创设适宜的空间氛围。

要充分调动幼儿在一日活动中的积极性和主动性，必须创设与此相应的环境。而环境的构成，主要有两个因素：一个是人，一个是物。

总之，幼儿园一日活动流程优化管理，就是要做到：一是环节过渡要自然合理，衔接紧凑;二是彼此兼容,灵活安排。一方面,幼儿一日活动间的衔接过渡需考虑多方面因素,运用的各种过渡方式要彼此兼容,可以一种为主,兼用他法。另一方面,幼儿园的教师和保育人员之间,人文环境和物质环境之间都要实现有机整合和灵活搭配,不可偏于一隅,厚此薄彼。

2.(1)教科研活动有利于提高教育质量。

幼儿园教科研工作是以保教人员为主体,以保教实践为基础,有目的、有计划地运用教育规律与教育原则,用科学的方法解决保教工作中的实际问题,提高保教工作质量的研究活动。

(2)教科研活动有利于促进教师业务水平的提高。

教师的业务水平直接影响着幼儿园的教育质量。教科研活动是提高教师业务水平的重要途径。教科研活动大体可分为五个阶段:发现问题、提出解决方案、实施方案、得出结论、将结论运用到实践活动中。

(3)教科研活动可以激发教师的敬业精神。

兴趣是最好的老师。研究工作虽然很苦,但也很有趣味。研究总是围绕一定的问题展开,问题常常会引起人们的关注,激发人们的兴趣,人们会不断地寻求解决问题的办法。当问题解决后,会给人们带来极大的乐趣,这种乐趣会变成新的动力,促使人们进一步去研究。

第六章
幼儿园健康和安全管理

一、 教材知识思维导图

本章知识思维导图见图6-1。

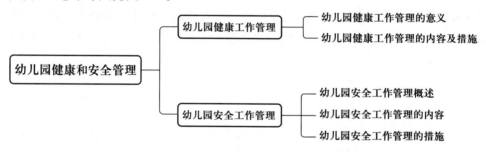

图6-1 本章知识思维导图

二、 本章考核的知识点与考核要求

本章需识记的内容有:(1) 幼儿园环境;(2) 幼儿生活活动;(3) 幼儿园健康工作管理的含义;(4) 幼儿园健康工作管理的内容;(5) 幼儿园安全工作管理的意义。

本章需领会的内容有:(1) 幼儿园健康工作管理的意义;(2) 幼儿园环境管理的原则;(3) 幼儿园生活管理的内容;(4) 幼儿园安全工作管理的内容;(5) 幼儿园安全事故的预防措施;(6) 幼儿园安全教育。

本章需应用的内容有:(1) 幼儿园健康管理的措施;(2) 幼儿园教职工健康管理的意义;(3) 幼儿园教职工健康管理策略;(4) 实地考察幼儿园健康工作管理的情况,并提出科学的实事求是的评价与整改意见;(5) 制订幼儿园安全管理的措施。

三、　重难点知识精讲

考点一：幼儿园健康工作管理的含义和意义

（一）幼儿园健康工作管理的含义

幼儿园健康工作管理是为保证幼儿和教职工身心健康发展而提供积极的健康服务和良好的健康教育，并对危害个人或人群健康的因素进行预防、干预的过程。

（二）幼儿园健康工作管理的意义

（1）幼儿园健康工作管理有利于幼儿身心健康成长。

（2）幼儿园健康工作管理有利于幼儿可持续发展。

（3）幼儿园健康工作管理有利于提高幼儿园办园水平。

健康管理工作的良好开展，能够有效转变教师的教育思想和教育行为；也能够优化幼儿园物质环境和人际环境；还能够推动和促进教育内容和活动方式的改革；最后，亦可以构建起新型家园合作关系。

【真题训练】

（2020.8）（单项选择题）：人的一生中身心发展尤其是大脑结构和机能发展最为旺盛的时期，也是良好生活习惯形成关键期的是（　　　　）。

A. 婴儿期　　　　　　　　　　　　　B. 幼儿期

C. 少年期　　　　　　　　　　　　　D. 青年期

【答案】B

【解析】幼儿期是人的一生中身心发展尤其是大脑结构和机能发展最为旺盛的时期，也是良好生活习惯形成的关键期。

考点二：幼儿园健康工作管理的内容及措施

（一）环境管理

1. 幼儿园环境

幼儿园环境是指幼儿园为了促进幼儿身心发展所必须具备的一切物质环境和精神环境的总和。

幼儿园环境分类见表6-1。

表 6-1 幼儿园环境分类

幼儿园环境分类	具体环境
物质环境	园所建筑、布局等,如周边环境、建筑风格、花圃草坪、林荫斜径、教育设施、教玩具布置等
精神环境	生活氛围、人际关系、精神风貌、规章制度等

2. 幼儿园环境管理的原则

（1）安全性原则。

幼儿园建筑设计及使用的安全原则要求建筑物要坚固,没有危房或潜在危险,设备装置应符合安全标准等。幼儿园环境设计应符合卫生保健要求。

（2）教育性原则。

幼儿园环境应能吸引儿童积极参与活动,通过发现、探索、创造、实验及观察的喜悦而获得经验。

（3）多样性原则。

儿童在多方面都需要成长和发展,所以幼儿园应为幼儿提供多种品类的设备和用具。

（二）健康管理

幼儿个体健康需要健康管理加以保驾护航,主要包括疾病预防、身体锻炼、心理健康维护、健康检查与评估等方面。

1. 疾病预防

幼儿园卫生工作的方针以"预防为主",对此应加以深入贯彻。建立预防接种、消毒隔离、体格检查、环境和个人卫生等制度,完善各种防病措施,降低发病率,提高幼儿的免疫力,保护幼儿的生命和健康。

做好疾病预防工作是幼儿园健康管理的重要内容。

（1）控制传染源。

（2）切断传染途径。

（3）提高幼儿对传染病的抵抗力。

（4）加强对幼儿家长的卫生宣传教育。

2. 身体锻炼

幼儿的身体锻炼要遵循循序渐进的原则,要有步骤、有计划地进行,注意掌握运动量,锻炼强度要由小到大,持续时间由短到长,要持之以恒,逐步培养幼儿良好的健康运动习惯;要注重变换多种方法,综合运用各种锻炼方式,锻炼与生活相结合,训练与游戏并举;要提高锻炼的质量,运动量应适中,不宜过大或过小,逐步增进幼儿的活动水平和能力,最终增强幼儿的体质。

3. 心理健康维护

心理健康维护的任务:了解幼儿心理特点,研究幼儿心理健康与幼儿园的教育、生活环境的相互关系,分析哪些因素影响幼儿心理健康,并提出相应的卫生要求和标准。

4. 健康检查和评估

健康检查是对幼儿的健康发育状况进行全面的评价。幼儿入园后要定期检查。定期检查具有以下目的:(1)对幼儿生长发育情况进行全面了解,分析幼儿身体发育状况是否符合年龄标准,以及智力发育是否正常;(2)如发现问题给予及时矫正。

(三)生活活动管理

幼儿生活活动是指幼儿在幼儿园进餐、午睡、盥洗、排泄、整理等。

幼儿的生活质量是指物质生活和精神生活的总体质量,是客观条件和幼儿对生活的主观感受的统一,包含着幼儿从生活中得到的满足程度以及对生活的感受和评价。

提高幼儿生活质量的方法见表6-2。

表6-2　提高幼儿生活质量

方法	内容
建立科学的生活制度	(1)根据幼儿的年龄特点来规定进餐、睡眠、游戏、上课和户外活动的时间 (2)安排幼儿生活作息制度要动静结合,不同类型的活动要交替进行 (3)结合季节变化做适当调整 (4)做到一般与个别照顾相结合
平衡营养膳食	(1)制定合理的膳食制度:规定进餐的次数、时间以及各餐的热量分配 (2)计划膳食:将食物按营养需求有计划地调配,从而保证合理营养的实现 (3)定期计算:定期计算幼儿进食量和营养摄取量,进行烹调指导和监督

(四)健康教育指导

1. 幼儿健康教育管理

幼儿园健康教育是以实现幼儿的身心健康为目标,全面提高幼儿对健康的认识水平,培养幼儿的良好习惯所实施的教育,为幼儿未来的健康生活奠定坚实的基础。

(1)明确健康教育的目的和任务

健康教育的目的:幼儿园的"健康教育"要以实现幼儿的身心健康为目标,提高幼儿对健康的认识水平,帮助幼儿逐步形成有益于健康的行为和习惯,提高自我保健和自我保护的意识和能力,促进其身心和谐健康发展,帮助幼儿逐渐学会以健康的方式生活。

健康教育的任务:① 健康知识的传授;② 健康态度与健康意识的培养;③ 健康行为和健康习惯的培养。

(2)健康教育的基本内容

健康教育的基本内容及具体阐述见表6-3。

表 6-3 健康教育的基本内容及具体阐述

基本内容	具体阐述
生活卫生教育	帮助幼儿获得日常生活中必需的、基本的生活知识和卫生知识,培养幼儿良好的生活习惯、卫生习惯和初步的生活能力,逐步提高幼儿自我保健的意识和能力,使幼儿逐步学习以健康的方式来生活
安全教育	帮助幼儿获得和掌握日常生活中最基本的安全知识和技能,使幼儿逐步懂得爱护自己和他人,不断增强幼儿的自我保护意识和能力
身体锻炼	利用体育器械或自然物(阳光、水、空气)进行身体锻炼,激发幼儿参加体育活动的兴趣,培养幼儿积极锻炼身体的良好习惯,增强幼儿体质,提高幼儿适应自然的能力;同时还可以通过体育活动让幼儿了解基本的体育卫生知识,培养幼儿勇敢、不怕困难等良好的心理品质
心理健康教育	情绪情感的教育、良好个性的培养、社会适应能力的培养、性教育等方面

(3)选择适宜的教育方式和途径

幼儿健康教育的方法一般有观摩、共同讨论、自我学习、动作技能练习、感知体验等。

2. 幼儿园教职工健康管理

(1)幼儿园教职工健康管理的意义

幼儿园教职工的健康管理工作具有非常重要的意义,教职工身心素质的提高能够促进其精神饱满地投入工作中。与此同时,还可以提高教职工的归属感、提升工作热情及效率。

(2)幼儿园教职工健康管理的实施策略

健康管理的实施策略见表 6-4。

表 6-4 健康管理的实施策略

实施策略	具体实施方式
提高认识是实施健康管理的前提	首先,管理人员必须认识到健康管理的重要意义,制定的办法和策略行之有效。 其次,操作层面上的负责人认识必须达成一致。 最后,要在健康管理对象层面上进行全面的宣传教育,消除不必要的疑虑
教职工健康管理流程	健康管理的具体流程包括档案建立及归档(原始资料的采集)、相关健康活动的开展(健康资讯宣传、普及,团队健康活动开展,心理筛查)、有益的个人与群体健康预防干预措施、制度形成、理论提升等

【真题训练】

1.(2022.4)(单项选择题):幼儿天性好动,精力充沛,对环境充满好奇且倾向于通过具体的经验学习,因此幼儿园的环境管理应遵循(   )。

A. 安全性原则　　　　　　　　　　B. 教育性原则

C. 多样性原则　　　　　　　　　　D. 全面性原则

【答案】B

【解析】因为幼儿天性好动,精力充沛,对环境充满好奇且倾向于通过具体的经验来学习,而非经由抽象的经验,所以在幼儿园环境管理中应遵循教育性原则。

2.(2021.4)(单项选择题):平衡营养膳食属于幼儿园管理的(　　)。

A. 健康管理　　　　　　　　　　　B. 生活管理

C. 环境管理　　　　　　　　　　　D. 食品安全管理

【答案】B

【解析】幼儿生活活动是指幼儿在幼儿园进餐、午睡、盥洗、排泄、整理等。平衡营养膳食属于幼儿园生活管理的内容。

3.(2019.10)(单项选择题):幼儿园的环境设计应符合卫生保健要求,如房舍采光、通风良好,人均占地面积符合要求等,这是幼儿园环境管理应遵循的(　　)。

A. 安全性原则　　　　　　　　　　B. 教育性原则

C. 多样性原则　　　　　　　　　　D. 全面性原则

【答案】A

【解析】安全性原则要求,在幼儿园环境管理中,环境设计应符合卫生保健要求,如房舍采光、通风良好,人均占地面积符合要求,器械玩具的材质和结构安全健康等。

考点三:幼儿园安全工作管理的内容

(一)幼儿园安全事故的预防

所谓幼儿园事故,一般是指入园幼儿在幼儿园期间和园集体活动时所发生的人身伤害事故。其主要是指幼儿在幼儿园中发生的人身伤害事故,也包括虽不在园内,但是在幼儿园组织的活动(如春游、秋游、节假日的庆祝活动等)中发生的人身伤害事故。

幼儿园安全事故大致可以分为以下几类。

(1)幼儿游戏时受伤。

(2)教学设施引起的事故。

(3)接送和门卫制度不完善引起的事故。

(4)幼儿园组织校外活动引发的事故。

(5)幼儿自身原因所导致的事故。

(二)幼儿园安全教育

对幼儿进行的安全教育,大致包括以下几个方面。

(1)交通安全教育。

(2)消防安全教育,主要包括:① 让幼儿懂得玩火的危险性。② 让幼儿掌握简单的自救技能。③ 带幼儿参观消防队,看消防队员的演习,请消防队员介绍火灾的形成原因、消防车的作用、灭火器的使用方法及使用时应注意的事项等。

(3) 食品卫生安全教育。

(4) 防触电、防溺水教育。

(5) 玩具安全教育。

(6) 生活安全教育。

【真题训练】

1. (2021.4)(单项选择题):在一次户外游戏活动中,刘老师告诉小朋友,在玩荡秋千的时候,一定要拉紧两边的绳子。这属于(　　　)。

A. 消防安全教育　　　　　　　　　　B. 交通安全教育

C. 生活安全教育　　　　　　　　　　D. 玩具安全教育

【答案】D

【解析】幼儿玩不同的玩具,应有不同的安全要求。如玩大型玩具滑梯时,要教育幼儿不拥挤,前面的幼儿还没离开时,后面的孩子不能往下滑;玩秋千时,要注意坐稳,双手拉紧两边的秋千绳,都属于玩具安全教育。

2. (2020.8)(单项选择题):某日,小明在玩滑梯时因为滑梯螺丝松动意外受伤,这属于(　　　)。

A. 幼儿自身原因所导致的事故　　　B. 门卫制度不完善引起的事故

C. 教学设施引起的事故　　　　　　　D. 因教师监管不力发生的事故

【答案】C

【解析】幼儿园安全事故中由教学设施引起的事故,例如滑梯、攀登架、蹦蹦床、秋千、跷跷板等大型的玩具年久失修,存在着安全隐患,一旦发生事故,幼儿园必须承担相应的责任。

考点四:幼儿园安全工作管理的措施

安全工作管理的措施见表 6-5。

表 6-5　安全工作管理的措施

管理措施	具体内容
建立安全工作组织机构	(1) 加强领导,成立机构 (2) 签订安全责任书
制订安全管理计划	预防为主、确定岗位职责、制定规划、层层落实、安全教育、监督检查
完善安全工作管理制度	(1) 落实幼儿晨检制度 (2) 落实幼儿园安全保卫制度 (3) 落实幼儿园消防制度 (4) 管理好幼儿园水、电、气、暖及有关设施

续表

管理措施	具体内容
完善安全工作管理制度	（5）加强食品卫生管理 （6）加强对有害物品的管理 （7）落实交接班制度 （8）落实安全工作登记及档案管理制度
加强安全管理检查	检查工作是促进制度执行的一项保护性措施,管理者通过检查,可以掌握工作的进展和质量情况,以及时发现问题、调整工作
动员全社会的力量,确保幼儿园安全运行	全社会必须树立为幼儿安全负责的意识,主动自觉地树立为所有孩子负责的意识,既要对自己的孩子负责,又要对全体幼儿负责

四、 同步强化练习

（一）单项选择题

1. 能够促进幼儿生长发育的物质基础是（　　　）。

A. 持续的身体锻炼　　　　　　　　　B. 良好的睡眠质量

C. 定期的身体检查　　　　　　　　　D. 合理的营养膳食

2. 幼儿园健康指导对象为（　　　）。

A. 家长与保育员　　　　　　　　　　B. 教师与保育员

C. 教师与幼儿　　　　　　　　　　　D. 园长与教师

3. 实施健康管理的前提是（　　　）。

A. 组织调查　　　　　　　　　　　　B. 制定计划

C. 提高认识　　　　　　　　　　　　D. 实施检查

（二）多项选择题

1. 幼儿园健康工作管理的内容有（　　　）。

A. 环境管理　　　　　　　　　　　　B. 健康管理

C. 生活活动管理　　　　　　　　　　D. 健康教育指导

E. 人力资源管理

2. 幼儿园健康管理的内容包括（　　　）。

A. 疾病预防　　　　　　　　　　　　B. 身体锻炼

C. 心理健康维护　　　　　　　　　　D. 健康检查和评估

E. 建立隔离制度

3. 幼儿的生活质量总体上包括（　　　）。

A. 物质生活质量　　　　　　　　　　B. 精神生活质量

C. 环境质量　　　　　　　　　　　　D. 劳动质量

E. 游戏质量

4. 幼儿园健康教育的基本内容有（　　）。

A. 生活卫生教育　　　　　　　　B. 安全教育

C. 身体锻炼　　　　　　　　　　D. 能力教育

E. 心理健康教育

（三）名词解释题

1. 幼儿园环境

2. 幼儿园事故

（四）简答题

1. 简述幼儿园环境管理的原则。

2. 幼儿园如何做好疾病预防工作？

3. 简述幼儿园安全事故的类型。

4. 简述幼儿园常见的安全工作管理制度。

（五）论述题

1. 试述如何提高幼儿生活质量。

2. 试述幼儿安全教育的主要内容。

五、 参考答案及解析

（一）单项选择题

1.【答案】D

【考点】生活活动管理

【解析】合理的营养膳食是促进幼儿生长发育的物质基础。

2.【答案】C

【考点】健康教育指导

【解析】幼儿园健康指导对象为教师与幼儿。

3.【答案】C

【考点】幼儿园教师健康管理

【解析】提高认识是实施健康管理的前提。

（二）多项选择题

1.【答案】ABCD

【考点】幼儿园健康工作管理的内容及实施

【解析】幼儿园健康工作管理的内容包括：① 环境管理；② 健康管理；③ 生活活动管理；④ 健康教育指导。

2.【答案】ABCD

【考点】健康管理

【解析】健康管理更多地是指对幼儿个体健康的保证,主要包括:① 疾病预防;② 身体锻炼;③ 心理健康维护;④ 健康检查与评估等方面。

3.【答案】AB

【考点】生活活动管理

【解析】幼儿的生活质量是指物质生活和精神生活的总体质量。

4.【答案】ABCE

【考点】幼儿园健康教育的基本内容

【解析】幼儿园健康教育的基本内容包括:① 生活卫生教育;② 安全教育;③ 身体锻炼;④ 心理健康教育。

（三）名词解释题

1. 幼儿园环境是指幼儿园为了促进幼儿身心发展所必须具备的一切物质环境和精神环境的总和。

2. 幼儿园事故,一般是指入园幼儿在幼儿园期间和园集体活动时,所发生的人身伤害事故。

（四）简答题

1.（1）安全性原则。

（2）教育性原则。

（3）多样性原则。

2.（1）控制传染源。

（2）切断传染途径。

（3）提高幼儿对传染病的抵抗力。

（4）加强对幼儿家长的卫生宣传教育。

3.（1）幼儿游戏时受伤。

（2）教学设施引起的事故。

（3）接送和门卫制度不完善引起的事故。

（4）幼儿园组织校外活动引发的事故。

（5）幼儿自身原因所导致的事故。

4. 幼儿园安全工作管理制度有"门卫制度""安全责任制度和检查制度""幼儿园保育员职责""幼儿园炊事员制度""幼儿园保健医生职责""幼儿园教师职责""幼儿园消防安全制度""幼儿园驾驶员教育制度""幼儿园车辆管理制度""用水用电用气等相关设施的安全管理制度""幼儿园接送制度"等。

（五）论述题

1. 为管理好幼儿生活,提高幼儿生活质量,应做好以下工作。

（1）建立科学的生活制度。

① 根据幼儿的年龄特点来规定进餐、睡眠、游戏、上课和户外活动的时间。对不同年龄的幼儿,各项活动的时间要求也不同。年龄越小,上课的时间越短,休息、户外活动和睡眠的

时间则越长。因此,各年龄班应有自己的作息时间表。

② 安排幼儿生活作息制度要动静结合,不同类型的活动要交替进行。活动量大的与活动量小的要配合进行,动静不同类型的活动可交错安排,这样可使身体各部分得到交替休息,以防止神经细胞和肌肉的疲劳。

③ 结合季节变化做适当调整。如夏季白天长,夜晚短,早晚天气凉爽,早晨可提前起床。晚上推迟上床,中午延长午睡时间;冬季白天短,夜间长,早晚气候寒冷,则可早上晚起床,晚上早上床,缩短午睡时间。进餐和其他活动时间也需要随季节变化相应变动。

④ 做到一般与个别照顾相结合。对体弱多病、有生理缺陷的幼儿要给予个别照顾,如气候变化时要先给体弱幼儿增减衣帽,睡眠时先让年龄小、体质差的幼儿上床,活动时,注意不要使他们过度疲劳。

(2) 平衡营养膳食。

合理的营养膳食是促进幼儿生长发育的物质基础。

① 制定合理的膳食制度:规定进餐的次数、时间以及各餐的热量分配。只有膳食制度合理,才能保证进餐和消化过程协调一致,促进各种营养素的吸收。膳食制度的制定,要考虑各年龄阶段幼儿消化系统发育的特点,考虑胃容量和胃排空时间,同时还要考虑幼儿实际活动情况和当时当地的膳食习惯。膳食制度一经确立,就应严格遵守,不得随意更改。

② 计划膳食:将食物按营养需求有计划地调配,从而保证合理营养的实现。计划膳食应根据用餐对象的特点选择食物,并使食物在数量上、质量上符合营养要求;还要根据伙食费的多少,结合当地市场的供应和价格等情况,合理调整每月的收支,力争做到收支平衡;应尽量安排含各种营养素而又易消化吸收的食物,食物的烹调花样要多,营养搭配,尽量减少营养素的损失。

③ 定期计算:定期计算幼儿进食量和营养摄取量,进行烹调指导和监督。首先计算每人每日从膳食中所摄取的各种营养素量(根据有关的公式进行计算);其次要进行膳食评价,包括对幼儿各种营养素一日摄入量的评价、对热能食物来源分布的评价、对蛋白质食物来源分布的评价等。

2. 对幼儿进行的安全教育,大致包括以下几个方面。

(1) 交通安全教育。

因交通事故死亡的少年儿童占全年交通事故死亡的 10%,且呈逐年上升的趋势。因此,对幼儿进行交通安全教育不容忽视。

(2) 消防安全教育。

① 让幼儿懂得玩火的危险性。② 让幼儿掌握简单的自救技能。③ 带幼儿参观消防队,看消防队员的演习,请消防队员介绍火灾的形成原因、消防车的作用、灭火器的使用方法及使用时应注意的事项等。

(3) 食品卫生安全教育。

教职工在平时要教育幼儿不随便捡食和饮用不明物。饮食安全教育的另一方面是饮食习惯的培养。

（4）防触电、防溺水教育。

对幼儿进行防触电教育,首先要告诉幼儿,不能随便玩电器,不拉电线,不用剪刀剪电线,不用小刀刻划电线,不将铁丝等插到电源插座里等。其次,要告诉幼儿,一旦发生触电事故,不能用手去拉触电的孩子,而应及时切断电源,或者用干燥的竹竿等不导电的东西挑开电线。对幼儿进行防溺水教育,一是要告诉幼儿不能私自到河边玩耍;二是不能将脸闷入水中;三是不能私自到河里游泳;四是当同伴失足落水时,要及时就近叫成人来抢救。

（5）玩具安全教育。

幼儿在园的一日生活中,几乎有一半时间是在和玩具打交道。因此,对幼儿进行玩具安全教育十分重要。

（6）生活安全教育。

幼儿园要充分利用安全教育月和安全主题教育等契机,根据幼儿不同的年龄特点,开展丰富多彩、生动形象的安全教育活动。这一类的安全教育,必须家园配合,同步进行。

第七章
幼儿园财务与设备设施管理

一、 教材知识思维导图

本章知识思维导图见图7-1。

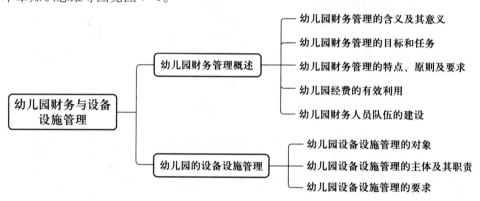

图 7-1 本章知识思维导图

二、 本章考核的知识点与考核要求

本章需识记的内容有:(1)幼儿园财务管理的含义;(2)幼儿园经费的类别;(3)幼儿园财务管理的原则;(4)幼儿园财务管理的特点;(5)幼儿园财务人员及其职责要求;(6)幼儿园设备设施管理的内容;(7)幼儿园设备实施管理的主体。

本章需领会的内容有:(1)幼儿园财务管理的意义;(2)幼儿园财务管理的目标;(3)幼儿园财务管理的任务;(4)幼儿园经费管理和利用要求;(5)管理和建设好幼儿园财务队伍的意义和途径;(6)幼儿园经费预算和决算的意义;(7)幼儿园设备实施管理主体的职责;(8)幼儿园设施设备管理的要求。

本章需应用的内容有:(1)合理有效管理幼儿园财务的要求;(2)幼儿园财务纪律及其对园长的职业道德要求。

三、 重难点知识精讲

考点一：幼儿园财务管理的含义及其意义

（一）幼儿园财务管理的含义

幼儿园的财务管理，是指幼儿园组织财务活动与处理财务关系的管理，是按照国家财政法规的要求，依据幼儿教育事业的发展计划，对预算内、预算外资金的筹措、计划、组织、使用、监督、调节等工作的管理。

（二）幼儿园财务管理的意义

（1）有助于为幼教事业的发展筹集经费。

（2）有助于合理配置幼教资源。

（3）有利于科学合理地调节幼教资金。

（4）有助于有效监督幼教资金的使用。

对幼儿园教育财务的监督，是一种经济监督或经济约束。其作用主要包括以下两个方面：

① 对幼儿园财务的监督能让幼儿园的经济行为建立在法制和政策允许的轨道上；② 对幼儿园财务的监督能使幼儿园内部形成正确导向，产生巨大的激励或约束作用，督促幼儿园各部门努力改进工作，不断提高幼教资源使用率。

【真题训练】

（2021.4）（单项选择题）：幼儿园的教育经费应尽可能多方筹集，但须由（　　　　）。

A. 政府主导　　　　　　　　　　　B. 社会主导

C. 家庭主导　　　　　　　　　　　D. 公益组织主导

【答案】A

【解析】教育经费既不由国家全部包揽，也不完全由公民个人负担，而是在政府主导下由多方筹集。

考点二：幼儿园财务管理的目标和任务

（一）幼儿园财务管理的目标

幼儿园财务管理涉及的事务归纳起来主要包括三个方面，即教育经费的筹集、分配和有效使用。

幼儿园经费管理总的来说要做到：取之有道，用之有效。这可以看作经费管理的观念性目标,也就是幼儿园财务管理目标。

(二) 幼儿园财务管理的任务

1. 合理筹集幼儿园办园经费

幼儿园办园经费类别见表7-1。

表7-1　幼儿园办园经费类别

划分依据	类别	具体类型
教育经费的来源渠道和来源主体	从现实和统计的角度	① 财政预算内教育经费拨款;② 各级政府征收用于教育的税费;③ 企业办学教育经费;④ 校办产业、勤工俭学和社会服务收入用于教育的经费;⑤ 社会团体和公民个人办学经费;⑥ 社会捐资办学经费;⑦ 学费、杂费;⑧ 其他
	从理论上看	政府、企业和个人家庭三大主体对教育的投入
不同类型幼儿园经费来源	公立幼儿园	① 国家和主管单位的拨款,有些幼儿园虽无明显的经费划拨,但是职工的工资、津贴的发放以及保障幼儿园正常运转的一些必要开支,都是由国家及其主管部门负担的;② 向幼儿家长收取的幼儿入园学习生活所需的一切费用,包括幼儿的保育费、伙食费、杂费及某些形式的管理费等;③ 社会力量或公民个人对幼儿园的资助;④ 幼儿园自创自收的部分经费
	私立幼儿园	通常缺乏国家正常的经费资助,代之以主办者个人筹措的经费,主要经费来源于向家长收取的婴幼儿保育费和管理费,也包括社会团体和个人的捐赠等,其经费来源更加多元化

2. 做好幼儿园经费的预算

(1) 幼儿园经费预算的形式

幼儿园经费预算在形式上分为预算收入和预算支出两大部分。

预算收入与预算支出见表7-2。

表7-2 预算收入与预算支出

预算形式	内容
预算收入	反映幼儿园的生存状况,也能从一个侧面反映出政府和主办方对幼儿园的重视和支持程度
预算支出	对需要经费的各项支出进行分析,确定各项目使用经费的量,确定一定时期经费在各项工作中的最佳比例,使财力的投放能最大限度地发挥其效益

（2）经费预算的作用

经费预算是确保每一所幼儿园生存和发展的物质基础,也是控制幼儿园工作运行的依据,还能体现既定教育目标和计划的实现程度。经费预算具有以下作用：

① 计划目标。

② 分配协调。

③ 执行控制。

④ 检查考核。

3. 幼儿园经费的决算

经费决算是对预算执行情况的检查和总结,通过决算检查预算执行情况,总结经验,找出存在的问题,并采取相应措施,以改进和加强幼儿园财务管理,提高幼儿园财务管理水平。

（1）经费决算的意义

经费决算通常是年度（特殊情况下以学期为周期）经费预算的结算报告,是预算执行结果的总结。

① 决算能够反映幼儿园各项教育工作的财政情况。

② 决算还能促进幼儿园财务管理工作顺利开展。

③ 决算是园长提升教育财务管理能力和水平所需要的积累过程。

（2）经费决算步骤

幼儿园经费决算可以分为以下几个步骤,见图7-2。

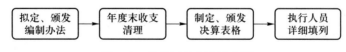

图7-2 幼儿园经费决算步骤

① 拟定和颁发决算的编制办法。

② 进行年度末收支清理,包括：清理核对年度预算数字和各项拨款；清理各项往来款项；清理财产物资,各项固定资产和库存物资,应在年度末前进行认真清点盘存,保证做到账物相符、账账相符；清理各项预算外收支款项,属于当年的收支,要及时进账。

③ 制定和颁发决算表格。决算表格分为三大类：决算支出总表、决算支出明细表、资金活动情况表；基本数字表；其他附表或说明书。

④ 执行人员详细填列,应遵循的方法是先由执行预算的基层单位做决算,自下而上、层层编制、审核汇总。

一般来说,幼儿园的决算完成后,要经上级单位汇总,逐级上报,最后由教育主管部门编成部门的决算,报送同级财政部门。财政部门对教育主管部门编制的决算进行审核,列入年度财政决算,逐级批准核销。

（3）经费决算目的

决算的目的在于准确地总结本年度幼儿园经费的收支状况。通过决算,幼儿园可积累经费管理的经验,既为下年度的经费预算提供参考依据,也可不断提高园长当家理财的能力,进而提高其全面管理幼儿园的水平。

4.加强幼儿园财务管理的制度建设

幼儿园各项财务制度的建设,能有助于在经济问题上做到防微杜渐,合理收支,让幼儿园的财务管理真正做到有章可循。

【真题训练】

1.（2022.4）（单项选择题）:当前我国幼儿园,无论是公立园还是私立园,在经费的来源上呈现的趋势是(   )。

A.单一化　　　　　　　　　　　B.多元化

C.全面化　　　　　　　　　　　D.主体化

【答案】B

【解析】当前我国的幼儿园,无论是公立的,还是私立的,其经费来源均呈现多元化趋势。

2.（2021.10）（单项选择题）:从理论上看,幼儿园教育经费的来源可划分为(   )、企业和个人家庭。

A.政府　　　　　　　　　　　　B.社会

C.团体　　　　　　　　　　　　D.民间组织

【答案】A

【解析】教育经费的来源可划分为政府、企业和个人家庭这三大主体对教育的投入。

3.（2021.4）（单项选择题）:幼儿园经费的每项支出都要有所值,不能浪费有限的经费,这就要求幼儿园经费管理做到(   )。

A.扩充资金　　　　　　　　　　B.取之有道

C.用之有效　　　　　　　　　　D.节约成本

【答案】C

【解析】用之有效,关键在于加强对经费的计划管理,使经费每项支出都有所值,不浪费有限的经费。经费的有效使用,是幼儿园财务管理的重点。

考点三：幼儿园财务管理的特点、原则及要求

（一）幼儿园财务管理的特点

从本质上讲,幼儿园财务管理是指发生在幼儿园内部的经济管理活动,其具有以下特点:(1)政策性强;(2)涉及面广。

（二）幼儿园财务管理的原则

幼儿园的财务管理者应遵循以下原则:
(1)坚持贯彻执行国家财经法规以及幼儿园财务规章制度。
(2)坚持勤俭办园的方针。
(3)正确处理幼教事业的发展和资金供给的关系。
(4)正确处理国家、集体和个人三者利益的关系。

（三）幼儿园财务管理的要求

(1)健全规章,依法办事。
(2)从实际出发,量入为出。
(3)勤俭办园,讲求效益。
(4)经济公开,民主管理。

【真题训练】

1.(2022.4)(单项选择题):幼儿园该收什么费,收多少,什么时间收;哪些该用,用多少,哪些不能用,这些收支活动,国家和教育行政部门都有明确规定,这体现的幼儿园财务管理的特点是(　　)。

A. 政策性强　　　　　　　　　　B. 随意性大
C. 涉及面广　　　　　　　　　　D. 自主性强

【答案】A

【解析】幼儿园财务管理中"政策性强"要求幼儿园的收费该收什么,收多少,什么时间收;哪些该用,用多少,哪些不能用,幼儿园的这些收支活动关系到幼儿园的生存和发展,涉及家长、幼儿和幼儿园员工的切身利益等,国家和教育行政部门都有明确的规定。

2.(2018.4)(单项选择题):幼儿园财务管理不仅为教育教学服务,还要承担育人重任;在园内为师生服务,在园外与有关部门发生经济联系等,这体现了幼儿园财务管理的(　　)。

A. 政策性强　　　　　　　　　　B. 随意性大
C. 涉及面广　　　　　　　　　　D. 不易控制

【答案】C

【解析】"涉及面广"要求幼儿园财务管理不仅为教育教学服务,还要承担育人重任;既管财尽其力,又管物尽其用;不仅要千方百计地节约办园开支,还要利用自身优势开辟财源;在园内为师生服务,在园外与有关部门发生经济联系等,涉及面较为广泛。

考点四:幼儿园经费的有效利用

(一)幼儿园经费分类

幼儿园经费按其用途可分为基本建设费和经常费两大类,见图7-3。

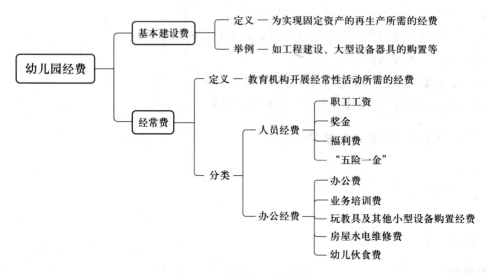

图7-3　幼儿园经费分类图

(二)幼儿园经费管理和利用要求

(1)加强对幼儿园财务工作的领导。

(2)管好、用好幼儿园的各项资金。其包含三方面的内容:即合理筹集资金、正确调度资金、有计划地使用资金。

(3)合理分配收入,激励员工的工作进取心。

(4)建立健全幼儿园财务管理的规章制度。

(5)加强幼儿园财务控制和监督,维护财经纪律。

幼儿园财务监督具体内容包括:① 幼儿园经费收支是否真实、合法;② 财务收支是否符合财政制度和财经纪律;③ 资金的使用效果,财产是否安全和完整。

加强幼儿园财务监督的作用是:① 幼儿园领导能及时了解幼儿园执行国家和主管部门制定的有关方针政策、事业指标的情况,掌握第一手资料,及时发现问题,保证国家的计划、制度和法律顺利实施;② 能及时纠正违反财务制度的行为和不正之风,防微杜渐;③ 保证公共财产的安全和完整;④ 能促进财务管理,提高经济效益,促进幼教事业的发展。

(6)提高幼儿园经费利用效率,管好资产。

【真题训练】

1.（2021.10）（单项选择题）：幼儿园的职工工资、奖金、福利费等人员经费属于（　　）。

A. 基本建设费　　　　　　　　　　B. 人头费

C. 办公经费　　　　　　　　　　　D. 经常费

【答案】D

【解析】经常费是教育机构开展经常性活动所需的经费,按开支对象可分为人员经费和办公经费。人员经费包括职工工资、奖金、福利费以及按照劳动合同法的规定为聘用的教职工购买的"五险一金"。

2.（2020.10）（单项选择题）：能够统一思想认识、协调行动、分清职责、健全组织,使财务工作有条不紊地进行的依据是（　　）。

A. 幼儿园财务管理制度　　　　　　B. 幼儿园财务审计制度

C. 幼儿园财务预算制度　　　　　　D. 幼儿园财务评价制度

【答案】A

【解析】幼儿园财务管理制度是统一思想认识、协调行动、分清职责、健全组织,使财务工作有条不紊地进行的依据。

3.（2020.8）（单项选择题）：原国家教育委员会发布施行《幼儿园管理条例》的时间是（　　）。

A. 1989 年　　　　　　　　　　　B. 1990 年

C. 1996 年　　　　　　　　　　　D. 2002 年

【答案】B

【解析】《幼儿园管理条例》由原国家教育委员会于 1990 年 2 月发布施行。

考点五：幼儿园财务人员队伍的建设

（一）幼儿园财务人员的组成

园长和会计、出纳是幼儿园财务管理的主要责任人。

（二）幼儿园财务人员的职责要求

（1）严格按照上级管理部门现金管理制度和明文规定办理款项收付,备用金不超额、不挪用,不开空头支票,不遗失支票。

（2）做到账目清楚,收支平衡,及时对账,账物相符。

（3）管理好收据、支票、现金等,及时报账,认真做好幼儿伙食费、保育费的收退工作和交账工作。

（4）工作人员领用现金、支票须园长批示、签字方可生效。购物发票必须有经手人、验收入及园长签字方可报销。

（5）在经费的使用上预算合理，理清各项来源渠道的经费，专款专用。教职工、幼儿伙食账严格分清，每月向家长公布伙食账目。

（6）年底前将所有会计资料编号装订成册，存入档案。

（三）幼儿园财务人员队伍的建设

（1）加强幼儿园财务人员的组织建设。

（2）提升幼儿园财务人员的思想素质和道德水平。

（3）促进幼儿园财务人员的业务成长。

【真题训练】

（2021.4）（单项选择题）：财务管理的执行者之一是（   ）。

A. 园长 　　　　　　　　　　　　B. 教师

C. 主任 　　　　　　　　　　　　D. 出纳

【答案】D

【解析】园长是财务管理的决策者，专门的会计、出纳是执行者，日常的财务管理工作是靠后者展开的。

考点六：幼儿园设备设施管理的对象

（一）园舍、房屋的管理

1. 关于园舍的选址

（1）地区清洁、安全、安静、无污染，一般在居民区内，但应远离铁路、工厂区等对幼儿的生命安全及身体健康有危险危害的地区。

（2）幼儿园房舍与街道保持一段距离，防止噪声污染。

（3）幼儿园基地应选择在地势平坦、场地干燥坚实、易于排水的地段。

2. 关于房屋的建筑

幼儿园的建筑有平房和楼房，楼房不宜太高，一般以二层、三层为适宜（一般最高不超过五层），以方便幼儿上下活动，且一般把幼儿活动室安排在低层。

房屋建筑应该集中排布，这样能够给幼儿提供较多的户外活动场地。为了保证阳光充足，幼儿园园舍应以南向或东向为宜。园舍楼顶平台必须安装护栏，可因地制宜地加以利用，楼梯要有扶手而且尽量平级。安全是整个房屋建筑的首位，房舍的建筑质量务必要得到保证。

3. 关于房屋的使用分布

幼儿园园舍使用的类型一般可分为三类。见表7-3。

表 7-3　幼儿园园舍的类型

园舍类型	具体功能室
幼儿学习生活用房	活动室、寝室、卫生间、贮藏室
办公服务用房	教职工办公室、会议室、资料室、医务保健室(包含隔离室、晨检室)及教职工值班宿舍、卫生间
后勤供应用房	幼儿食堂(或称厨房)、消毒室、开水室、洗衣室及库房

4. 房屋使用过程中的维护

房屋、场地等不动产需要进行定期维修保养,这也是管理财产的必要措施,应确保既能安全使用又能延长使用年限。

(二)幼儿园环境的管理

(1)幼儿户外活动环境的创设。

(2)场地的安全卫生管理。

(三)幼儿园一般用具和器材的配置与保管

1. 室内主要用具

总务工作者应在园长的领导下将必备家具、用品配置妥当,并进行妥善保管。

2. 室外器材

幼儿进行户外游戏、锻炼的室外大型器材,包括各种组合了爬、攀、钻、滑、走等基本动作和锻炼功能的大型玩具。

【真题训练】

1. (2021.4)(单项选择题):由原城乡建设环境保护部、原国家教育委员会共同颁发的《托儿所、幼儿园建筑设计规范》,其颁发的时间是(　　)。

A. 1987 年　　　　　　　　　　　　B. 1990 年

C. 1996 年　　　　　　　　　　　　D. 2002 年

【答案】A

【解析】1987 年 9 月由原城乡建设环境保护部、原国家教育委员会共同颁发了《托儿所、幼儿园建筑设计规范》。

2. (2020.10)(单项选择题):活动室、寝室、卫生间、贮藏室等属于(　　)。

A. 幼儿学习生活用房　　　　　　　　B. 办公服务用房

C. 后勤供应用房　　　　　　　　　　D. 卫生保健用房

【答案】A

【解析】幼儿学习生活用房一般包括活动室、寝室、卫生间、贮藏室。

3. (2020.8)(单项选择题):小型的、可以灵活移动使用的,比如钢琴、教玩具、餐具等属于（　　　）。

A. 设备
B. 设施

C. 教学工具
D. 幼儿用具

【答案】A

【解析】设备相对于设施来看，是小型的、可以灵活移动使用的，如多媒体设备、钢琴、教玩具、餐具等。

考点七：幼儿园设备设施管理的主体及其职责

（一）幼儿园设备设施管理的主体

从广义上讲，幼儿园所有的工作人员都是物品的管理主体，因为基本上每个人的工作都离不开物质条件，如教师领用教学设备、保育员管理班级生活设施、采购员购买食物、炊事员加工食物等。

从狭义上看，幼儿园设备设施管理的主体是负责总务的副园长、保管员、食堂班长等。

（二）幼儿园设备设施管理者的主要职责

从一般教育管理的经验来看，教育设备设施管理的主要任务概括起来包括：（1）整治环境；（2）完善设备；（3）管好设施。

考点八：幼儿园设备设施管理的要求

幼儿园的所有用品，通常由保管员进行专人负责，严格管理，以发挥物品、器材在幼儿园工作中最大的功能，具体要求如下：（1）建立严密的物品管理制度体系；（2）严格执行物品管理制度；（3）设立专门负责人员；（4）园长要处理好集权与放权的关系。

四、同步强化练习

（一）单项选择题

1. 幼儿园的每项收费都要有直接的政策规定作为依据，或是有充分的、能使绝大多数家长心悦诚服的理由，这就要求幼儿园经费管理做到（　　　）。

A. 取之有道
B. 扩充资金

C. 用之有效
D. 节约成本

2. 反映幼儿园的生存状况，也能从一个侧面反映出政府和主办方对幼儿园的重视和支持程度的是（　　　）。

A. 幼儿园经费预算收入
B. 幼儿园办园成本

C. 幼儿园经费预算支出
D. 幼儿园收费标准

3. 对需要经费的各项支出进行分析，确定各项目使用经费的量，确定一定时期经费在各项工作中的最佳比例,从而制定(　　)。

A. 幼儿园经费预算收入　　　　　　B. 幼儿园的办园成本

C. 幼儿园经费预算支出　　　　　　D. 幼儿园收费标准

4. 幼儿园经费预算一经核定,要严格按预算、计划执行,不得超支挪用,这体现了经费预算具有(　　)。

A. 计划目标作用　　　　　　　　　B. 分配协调作用

C. 执行控制作用　　　　　　　　　D. 检查考核作用

（二）多项选择题

1. 幼儿园财务管理的意义体现在(　　)。

A. 筹集资金　　　　　　　　　　　B. 配置资源

C. 调节资金　　　　　　　　　　　D. 节约资金

E. 监督资金使用

2. 幼儿园财务管理的目标是(　　)。

A. 扩充资金　　　　　　　　　　　B. 取之有道

C. 用之有效　　　　　　　　　　　D. 节约成本

E. 监督资金

3. 幼儿园经费预算的形式分为(　　)。

A. 预算收入　　　　　　　　　　　B. 预算成本

C. 预算支出　　　　　　　　　　　D. 预算目标

E. 预算效益

4. 幼儿园财务管理的特点有(　　)。

A. 政策性强　　　　　　　　　　　B. 随意性大

C. 涉及面广　　　　　　　　　　　D. 受主观意识控制

E. 不易控制

（三）名词解释题

1. 财务管理

2. 资源合理配置

（四）简答题

1. 简述幼儿园经费决算的意义。

2. 简述幼儿园经费管理和利用的要求。

3. 简述幼儿园设备设施管理者的主要职责。

（五）论述题

1. 试述幼儿园办园经费的来源以及不同类别、性质幼儿园经费来源的差别。

2. 试述幼儿园设备设施管理要求。

五、参考答案及解析

（一）单项选择题

1.【答案】A

【考点】幼儿园财务管理的目标

【解析】取之有道,关键之处在于收费要合理。每项收费都要有直接的政策规定作为依据,或是有充分的、能使绝大多数家长心悦诚服的理由。

2.【答案】A

【考点】幼儿园经费预算的形式

【解析】幼儿园经费预算收入反映了幼儿园的生存状况,也能从一个侧面反映出政府和主办方对幼儿园的重视和支持程度。

3.【答案】C

【考点】幼儿园经费预算的形式

【解析】幼儿园经费预算支出是对需要经费的各项支出进行分析,确定各项目使用经费的量,确定一定时期经费在各项工作中的最佳比例,使财力的投放能最大限度地发挥其效益。

4.【答案】C

【考点】经费预算的作用

【解析】执行控制作用是指幼儿园经费预算一经核定,要严格按预算、计划实行,不得超支挪用。

（二）多项选择题

1.【答案】ABCE

【考点】幼儿园财务管理的意义

【解析】幼儿园的财务管理,具有重要的现实意义:① 有助于为幼教事业的发展筹集经费;② 有助于合理配置幼教资源;③ 有利于科学合理地调节幼教资金;④ 有助于有效监督幼教资金的使用。

2.【答案】BC

【考点】幼儿园财务管理的目标

【解析】幼儿园财务管理有两个目标,即"取之有道"和"用之有效"。

3.【答案】AC

【考点】幼儿园经费预算的形式

【解析】幼儿园经费预算在形式上分为预算收入和预算支出两大部分。

4.【答案】AC

【考点】幼儿园财务管理的特点

【解析】幼儿园财务管理具有政策性强、涉及面广两个特点。

（三）名词解释题

1. 财务管理是"基于企业再生产过程中客观存在的财务活动和财务关系而产生的,是组织企业财务活动、处理财务关系的一项经济管理工作,是企业管理的重要组成部分"。

2. 资源合理配置是指社会的人力、物力和它们在价值上反映的资金等资源得到优化配置和高效利用。

（四）简答题

1. 幼儿园经费决算通常是年度(特殊情况下以学期为周期)经费预算的结算报告,是预算执行结果的总结。

第一,决算是幼儿园各项教育工作在财政上的集中反映。

第二,有利于改进幼儿园的财务管理工作。

第三,决算是国家及相关管理部门研究和修订幼儿教育财政政策的基础性资料,是园长提升教育财务管理能力和水平所需要的积累过程。

2. 幼儿园经费的管理和利用具体要求如下:

（1）加强对幼儿园财务工作的领导。

（2）管好、用好幼儿园的各项资金。

（3）合理分配收入,激励员工的工作进取心。

（4）建立健全幼儿园财务管理的规章制度。

（5）加强幼儿园财务控制和监督,维护财经纪律。

（6）提高幼儿园经费利用效率,管好资产。

3. 幼儿园设备设施管理者的主要职责有整治环境、完善设备、管好设施三个方面。

（五）论述题

1.（1）根据教育经费的来源渠道和来源主体,办园经费可进行如下两种划分。

一是从现实和统计的角度看,教育经费的来源可划分为:① 财政预算内教育经费拨款;② 各级政府征收用于教育的税费;③ 企业办学教育经费;④ 校办产业、勤工俭学和社会服务收入用于教育的经费;⑤ 社会团体和公民个人办学经费;⑥ 社会捐资办学经费;⑦ 学费、杂费;⑧ 其他。

二是从理论上看,教育经费的来源可划分为政府、企业和个人家庭这三大主体对教育的投入。

（2）不同类别、性质的幼儿园经费来源差别。

公立幼儿园的经费来源主要有四种类型:其一,是国家和主管单位的拨款,有些幼儿园虽无明显的经费划拨,但是职工的工资、津贴的发放以及保障幼儿园正常运转的一些必要开支,都是由国家及其主管部门负担的;其二,向幼儿家长收取的幼儿入园学习生活所需的一切费用,包括幼儿的保育费、伙食费、杂费及某些形式的管理费等;其三,社会力量或公民个人对幼儿园的资助;其四,幼儿园自创自收的部分经费。

与公立幼儿园相比,我国的私立幼儿园通常缺乏国家正常的经费资助,代之以主办者个人筹措的经费,主要经费来源于向家长收取的婴幼儿保育费和管理费,也包括社会团体和个人的捐赠等,其经费来源更加多元化。

总之,当前我国的幼儿园,无论是公立的,还是私立的,其经费来源均呈现多元化趋势。

2. 幼儿园设备设施管理。应做到如下的要求。

(1) 建立严密的物品管理制度体系。

从物品的进、用、出等各个环节细致周全地考虑,针对每一个必要的环节研究、制定制度,如资产登记制度、保管制度、出库制度、回收与检修制度、物资盘查制度、物资管理和使用的奖惩制度。对消耗性物品,应确立损耗标准,对无故损坏财产者,应制定赔偿制度等。

(2) 严格执行物品管理制度。

"有法必依,执法必严"是管理的基本要求,倡导教职员工都要像爱惜自家财物一样珍惜幼儿园有限的物质条件,一旦违规就应坚决予以纠正。这既是管理的需要,也是督促教职员工自觉成为幼儿学习榜样的需要。

(3) 设立专门负责人员。

园部、班级的物品管理责任要落实到人。责任人应及时上报财产使用及消耗情况,并有责任对全园财物的合理管理与使用提供建设性意见。对物资的购置、保养、贮存和使用,管理者要检查监督,经常过问财产的去向,以减少消耗,杜绝浪费。

(4) 园长要处理好集权与放权的关系。

园长对内要信任责任人,保护并调动其工作积极性,同时要当好指挥者和督促者;对外应广泛获取有关物品的信息,便于幼儿园以最小的代价获得最佳的物品管理效果。

归根结底,幼儿园物品管理和使用要为教育和保育儿童服务,一切举措都应围绕这一根本点而开展。

第八章
幼儿园与家庭和社区

一、 教材知识思维导图

本章知识思维导图见图 8-1。

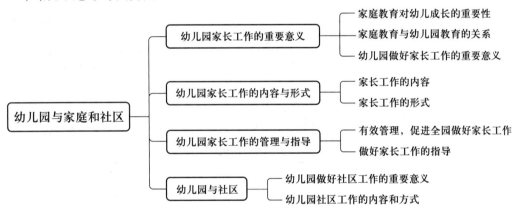

图 8-1　本章知识思维导图

二、 本章考核的知识点与考核要求

本章需识记的内容有:(1)家庭教育的含义;(2)幼儿园家长工作的内容;(3)幼儿园家长工作的原则;(4)社区的含义。

本章需领会的内容有:(1)家庭教育的特点;(2)幼儿园教育的特点;(3)幼儿园家长工作的各种形式;(4)家长工作纳入全园工作计划的必要性;(5)家长工作制度化的必要性;(6)幼儿园与社区的关系;(7)幼儿园做好社区工作的重要意义;(8)幼儿园社区工作包含的内容。

本章需应用的内容有:(1)家庭对幼儿有何重要的教育意义;(2)家庭教育与幼儿园教育的区别;(3)为什么要努力实现家园共育;(4)在实践中试用幼儿园家长工作的几种方式,并观察效果;(5)班级家长工作的方式;(6)各种方式都在什么情况下适用;(7)在实践中灵活运用家长工作的原则和方法;(8)与家长沟通交流的技巧;(9)试着在与家长的沟通交流中注意工作原则和方法,观察与以前的不同之处;(10)正确理解社区对幼儿园工作的支持;(11)幼儿园如何为社区服务;(12)幼儿园如何处理与社会其他部门的关系。

三、 重难点知识精讲

考点一:家庭教育对幼儿成长的重要性

家庭教育是父母或其他年长者在家庭中自觉地、有意识地在日常生活中对子女进行的有计划与无计划相结合的影响活动及其过程。其重要性见表8-1。

表8-1　家庭教育对幼儿成长的重要性

重要性	具体表现
家庭是幼儿最重要的成长环境	幼儿在家受教育的时间很长,内容也广泛而深入,影响力也最大。家庭教育为幼儿接受教育机构教育、社会教育做准备,直接影响整个教育的进程和质量
父母是幼儿的第一任教师	"父母是幼儿的第一任教师","好妈妈胜过好老师",就是说明家庭对幼儿成长产生着全方位的影响,在幼儿教育过程中家庭贡献量大于任何幼教机构
家庭教育是潜移默化的生活中的教育	家庭教育是伴随日常生活进行的,是一种无形的教育、人格养成教育,具有潜移默化的特点

【真题训练】

1.(2020.10)(单项选择题):伴随日常生活进行的,具有潜移默化特点的一种无形的教育、人格养成教育是(　　)。

　　A. 学校教育　　　　　　　　　　B. 社区教育

　　C. 社会教育　　　　　　　　　　D. 家庭教育

【答案】D

【解析】家庭教育是伴随日常生活进行的,是一种无形的教育、人格养成教育,具有潜移默化的特点。

2.(2018.10)(单项选择题):幼儿的第一任教师是(　　)。

　　A. 老师　　　　　　　　　　　　B. 父母

　　C. 祖父母　　　　　　　　　　　D. 保姆

【答案】B

【解析】父母是幼儿的第一任教师,父母是幼儿的监护人、养育者,幼儿年龄越小,对家长的依赖性越强。

考点二：家庭教育与幼儿园教育的关系

（1）家庭和幼儿园是对幼儿产生教育影响的两个重要场所。

（2）家庭和幼儿园应该成为幼儿教育的合作者。

（3）幼儿园与家长平等合作,幼儿园应发挥育儿支持作用。

考点三：幼儿园做好家长工作的重要意义

（1）做好家长工作,形成家园合力,为幼儿健康成长创造良好环境。

（2）做好家长工作,发挥家长第一任教师的优势。

（3）提高家长育儿的参与度,共同做好保教工作。

考点四：幼儿园家长工作的内容

归纳起来,幼儿园的家长工作主要包括如下几方面:(1)增进联系,密切关系;(2)服务好家长,提供育儿支持;(3)争取家长的配合支持,为保教工作创造有利条件;(4)家园合作,共同保教好幼儿。

【真题训练】

(2019.4)(单项选择题):做好家长工作的重要前提是(　　)。

A. 服务好家长　　　　　　　　　B. 争取家长配合

C. 家园双方的合作　　　　　　　D. 家园双方的联系沟通

【答案】D

【解析】家园双方的联系沟通是幼儿园家长工作的第一项内容,也是做好家长工作的重要前提。

考点五：家长工作的形式

归纳起来,家长工作主要有以下几种常用的途径或形式。

（1）教师与家长之间的日常交流。日常交流是幼儿园最普遍、最常用的家长工作形式,通常是教师与家长之间的个别联系,是幼儿园保教工作的重要内容之一。在日常联系方式中,家园联系簿(卡)运用得比较普遍。

（2）制作家长宣传页,开辟家长园地。

（3）家访。家访一般安排在学期初或学期末,是入园之初最常采用的家长工作方式,主要是为了了解幼儿家庭环境、家庭教育状况、幼儿在家中的表现等,与家长建立互相尊重、信任的关系,争取家长的配合、支持。

（4）召开家长会。

（5）举办家长开放日等活动。

（6）举办家长参与的活动。

（7）建立家长委员会，发挥家长作用。

（8）通过现代化的手段与方式，搭建家长参与幼儿园教育与管理的平台。

【真题训练】

1.（2020.8）（单项选择题）：幼儿园小班的带班教师王老师利用每天家长接送孩子的时间与他们进行接触，了解和介绍幼儿的情况，相互沟通，提出建议。王老师的做法属于幼儿园家长工作形式中的（　　）。

A. 主动家访　　　　　　　　　　　B. 日常交流

C. 家园合作　　　　　　　　　　　D. 家长约谈

【答案】B

【解析】日常交流是幼儿园最普遍、最常用的家长工作形式，主要是教师利用家长早晚接送幼儿的短暂时间与家长接触，了解和介绍幼儿情况，相互沟通，提出建议等。

2.（2021.10）（单项选择题）：方便教师向家长报告幼儿园工作情况，提出一般性教育要求，回答家长普遍关心的问题的家长工作形式是（　　）。

A. 家长会　　　　　　　　　　　　B. 家访

C. 日常交流　　　　　　　　　　　D. 家长开放日

【答案】A

【解析】家长会是一种重要的家长工作形式。教师可以在学期初、学期末，或是依据需要和计划召开家长会，向家长报告幼儿园工作情况，提出一般性教育要求，回答家长普遍关心的问题。

考点六：幼儿园家长工作的管理与指导

（一）有效管理，促进全园做好家长工作

1. 认识到位，明确家长工作的重要意义

把家长工作置于与保教工作同等重要的位置，并在园所内部取得共识，树立"家长工作全员性"的思想。

2. 加强家长工作的计划性

（1）将家长工作纳入全园工作计划。

① 家长工作要纳入全园工作计划，包括3~5年发展规划、学年学期计划等。

② 将幼儿园家长工作计划进行任务分解。

③ 要做好计划的执行、检查、改进工作。

（2）因人而异制订家长工作计划。

3. 注重家长工作制度建设

家长工作的制度包括：日常性家园联系制度、家访制度、家长会制度、家长开放日制度、家长委员会制度等。

4. 明确岗位职责,注重培训和指导

园长应特别注重对班级教师的指导,引导保教人员在正确认识和处理好与家长关系的同时,将教师的家长工作能力作为在职培训的重要内容,认真执行家长工作制度,帮助教师有计划地结合日常保教工作,采取适宜的方式,做好家长工作。

(二)做好家长工作的指导

1. 遵循家长工作的基本原则

(1)互相尊重,平等合作。

(2)全面开展,注重差异。

(3)全员参与,常态化、动态化。

2. 掌握与家长沟通的策略

(1)沟通要及时。

(2)沟通要有针对性。

(3)善于倾听。

(4)换位思考。

(5)提升与家长相处的艺术。

(6)增强家长参与的主动性。

【真题训练】

1.(2022.4)(单项选择题):幼儿园教师应该为全体幼儿和家长服务,也要把握每个幼儿的身心发展特点及每个家庭特有的教养方式,与家长沟通合作,制订适宜的教育方案,这体现了幼儿园家长工作的( )。

A. 全面开展,注重差异原则 　　　　　B. 相互尊重,平等合作原则

C. 全员参与,常态化,动态化原则 　　D. 重点扶植,区别对待原则

【答案】A

【解析】每个幼儿都有独特的身心发展特点,每个家庭都有特有的教养方式,教师要充分了解幼儿,了解家庭特点,与家长沟通、合作,制订适宜的教育方案,这体现了家长工作的全面开展,注重差异原则。

2.(2018.4)(单项选择题):要求员工参与家长工作,共同创造良好的形象和声誉,向家长展示幼儿园的风貌和文化,这体现了家长工作原则中的( )。

A. 相互尊重,平等合作 　　　　　　　B. 全面开展,注重差异

C. 全员参与,常态化,动态化 　　　　D. 重点扶植,区别对待

【答案】C

【解析】全员参与,常态化、动态化要求园里所有的员工人人都参与家长工作,共同创造幼儿园的良好形象和声誉,向家长展示幼儿园的风貌和文化。

3.(2020.10)(单项选择题):当教师与家长沟通时,一定要学会从家长的角度看待面对

的情景、问题,这样教师才能更加理解家长的想法和行为。这体现了家长沟通策略中的( )。

A. 沟通有针对性　　　　　　　　B. 沟通要及时

C. 善于倾听　　　　　　　　　　D. 换位思考

【答案】D

【解析】当教师在与家长沟通时,尤其是发生矛盾、冲突时,一定要学会换位思考,从家长的角度来看待面对的情景、问题,这样教师能更加理解家长的想法、行为。

考点七:幼儿园做好社区工作的重要意义

(1)有利于共同营造促进幼儿全面发展的良好教育环境。

(2)有利于推动社区学前教育的发展。

(3)有利于弘扬和践行社会主义核心价值观。

考点八:幼儿园社区工作的内容和方式

幼儿园面向社区工作的主要内容是:挖掘社区资源,争取社区公众对幼儿教育的支持;幼儿园积极主动为社区提供有效服务;搞好社会协调,提高幼儿园整体效益。实现这三方面内容的方式如下。

(一)挖掘社区资源,争取社区对幼儿教育的支持

(1)争取社区内人力支持。

(2)争取社区内物力支持。

(3)争取社区内财力支持。

(二)积极探索幼儿园为社区服务的措施和途径

(1)努力完成好幼儿园保教任务的同时,为社区提供多样化服务。

(2)实现幼儿园教育资源的社区共享。

(3)履行幼教机构的社会宣传职责,发挥幼儿园作为社区精神文明辐射基地的作用。

(三)搞好社会协调,提高幼儿园整体效益

幼儿园特别需要搞好对外协调,处理好幼教机构与其他社会机构、组织的关系,主动适应外部环境,不断提高幼儿园管理成效。

【真题训练】

1.(2022.4)(单项选择题):幼儿园可以收集社区内部或社区内企业的闲置物资,在符合卫生和安全要求的前提下,作为孩子们的活动材料,这样做是在争取社区内的( )。

A. 人力支持　　　　　　　　　　B. 物力支持

C. 全面支持

D. 财力支持

【答案】B

【解析】幼儿园可以争取社区内物力支持,如收集社区内部或社区内企业的闲置物资、边角料、废旧物品等,在符合卫生和安全要求的前提下,变废为宝,作为孩子们的活动材料;可以根据教育情况,带幼儿到社区的博物馆、图书馆、美术馆、展览馆、科技馆、体育馆、公园等地去参观,增加幼儿社会、历史、文化、艺术、体育等方面的感性知识。

2. (2020.10)(单项选择题):周五,朱老师带着小班的小朋友来到了锦绣花园内的一家蛋糕店,让小朋友跟着蛋糕店的员工学习制作蛋糕、面包、冰激凌等。这种活动属于利用( )。

A. 文化资源

B. 自然资源

C. 社区资源

D. 公共资源

【答案】C

【解析】教师可以联系社区为幼儿安排力所能及的劳动,让幼儿动手动脑,尝试他们感兴趣的事情。题干中让幼儿跟蛋糕店的员工学习制作蛋糕、面包、冰激凌等属于利用社区资源。

四、 同步强化练习

（一）单项选择题

1. 幼儿园最普遍、最常用的家长工作形式是( )。

A. 家长会

B. 家长沙龙

C. 日常交流

D. 家长学校

2. 可以使家长以直观方式了解幼儿园教育内容方法、直接看到幼儿的在班表现,了解教师的工作情况的家长工作形式是( )。

A. 家长会

B. 家访

C. 日常交流

D. 家长开放日

3. 发挥家长组织及家长之间的相互影响作用,调动家长的积极性,使其参与到幼儿的教育与幼儿园管理中来的家长工作形式是( )。

A. 家长会

B. 家长微信群

C. 家长委员会

D. 家长开放日

4. 针对幼儿的教育问题,教师应在第一时间与家长联系,协商应对,尽快发现问题、解决问题、避免误解和拖延,这体现了与家长沟通策略中的( )。

A. 沟通要及时

B. 沟通有针对性

C. 善于倾听

D. 换位思考

（二）多项选择题

1. 家庭教育对幼儿成长的重要性包括( )。

A. 家庭是幼儿最重要的成长环境

B. 父母是幼儿的第一任教师

C. 家庭教育是潜移默化的生活中的教育

D. 家庭教育对幼儿成长的影响没有学校教育深远

E. 家庭对幼儿的影响全都是正向的

2. 幼儿园家长工作的内容包括(　　　)。

A. 增进家园联系,密切关系　　　　　　B. 服务好家长,提供育儿支持

C. 开设家长学校　　　　　　　　　　　D. 争取家长的配合支持

E. 家园合作,共同保教幼儿

3. 做好家长工作,除了遵循基本原则,还要掌握基本的沟通技巧,与家长建立良性互动关系,具体包括(　　　)。

A. 沟通要及时　　　　　　　　　　　　B. 沟通要有针对性

C. 善于倾听　　　　　　　　　　　　　D. 换位思考

E. 提升与家长相处的艺术

（三）名词解释题

1. 家庭教育

2. 社区学前教育

（四）简答题

1. 简述家庭教育与幼儿园教育的关系。

2. 幼儿园为什么要做好家长工作?

3. 简述幼儿园做好家长工作应遵循的原则。

4. 简述幼儿园社区工作的主要内容。

（五）论述题

1. 试述做好家长工作的沟通策略。

2. 试述幼儿园社区工作的内容和方式。

五、 参考答案及解析

（一）单项选择题

1.【答案】C

【考点】家长工作的形式

【解析】日常交流是幼儿园最普遍、最常用的家长工作形式,通常是教师与家长之间的个别联系,是幼儿园保教工作的重要内容之一。

2.【答案】D

【考点】家长工作的形式

【解析】开放日的活动可以使家长以直观方式了解幼儿园教育内容方法,直接看到幼儿

的在班表现,了解教师的工作情况。

3.【答案】C

【考点】家长工作的形式

【解析】幼儿园可以建立家长委员会,或成立家长俱乐部,发挥家长组织及家长之间的相互影响作用,调动广大家长的积极性,使家长参与到幼儿的教育与幼儿园管理中来。

4.【答案】A

【考点】做好家长工作的指导

【解析】教师要主动、及时地与家长沟通,尤其是针对其子女的教育问题,更要第一时间与家长联系,协商应对。这体现的沟通策略是沟通要及时。

（二）多项选择题

1.【答案】ABC

【考点】家庭教育对幼儿成长的重要性

【解析】家庭教育对幼儿成长的重要性包括三个方面:① 家庭是幼儿最重要的成长环境;② 父母是幼儿的第一任教师;③ 家庭教育是潜移默化的生活中的教育。

2.【答案】ABDE

【考点】幼儿园家长工作的内容

【解析】幼儿园家长工作的内容包括以下四个方面:① 增进联系,密切关系;② 服务好家长,提供育儿支持;③ 争取家长的配合支持,为保教工作创造有利条件;④ 家园合作,共同保教好幼儿。

3.【答案】ABCDE

【考点】做好家长工作的指导

【解析】家长工作中的基本沟通技巧有六个方面:① 沟通要及时;② 沟通要有针对性;③ 善于倾听;④ 换位思考;⑤ 提升与家长相处的艺术;⑥ 增强家长参与的主动性。

（三）名词解释题

1. 家庭教育是父母或其他年长者在家庭中自觉地、有意识地在日常生活中对子女进行的有计划与无计划相结合的影响活动及其过程。家庭对幼儿成长有重要作用。

2. 社区学前教育是由社区组织与管理的学前教育工作,包括正规和非正规的学前教育活动,其以社区的全体成员为教育对象,主要涉及社区内 0~6 岁儿童及其家长和看护人,把社区内影响幼儿生存与发展的社会、家庭环境和教育因素联系起来,综合考虑发展学前教育的资源、途径、形式与效果等方面,把社区内各种组织机构联系在一起。

（四）简答题

1.（1）家庭和幼儿园是对幼儿产生教育影响的两个重要场所。

（2）家庭和幼儿园应该成为幼儿教育的合作者。

（3）幼儿园与家长平等合作,幼儿园应发挥育儿支持作用。

2.（1）做好家长工作,形成家园合力,为幼儿健康成长创造良好环境。

（2）做好家长工作,发挥家长第一任教师的优势。

（3）提高家长育儿的参与度，共同做好保教工作。

3.（1）互相尊重，平等合作。

（2）全面开展，注重差异。

（3）全员参与，常态化、动态化。

4. 幼儿园面向社区工作的主要内容是：挖掘社区资源，争取社区公众对幼儿教育的支持；幼儿园积极主动为社区提供有效服务；搞好社会协调，提高幼儿园整体效益。

（五）论述题

1.（1）沟通要及时。

教师要主动、及时地与家长沟通，尤其是针对其子女的教育问题，更要第一时间与家长联系，协商应对，当然前提是在家长有时间交谈的情况下进行。沟通及时可以尽快发现问题、解决问题、避免误解、避免拖延等。教师也要把这一理念告知家长，并达成共识。在家庭中发生的教育问题，家长也要及时与教师沟通，家园一致做好对幼儿的教育工作。

（2）沟通要有针对性。

除了每日与家长寒暄，教师的沟通应该有针对性，要有目的、有准备地沟通。当然，与幼儿有关的话题也容易引起家长的兴趣，得到共鸣，问题也会很快得到解决。

（3）善于倾听。

在与家长沟通的时候，不要光忙着自己说话，教家长做这做那，要学会倾听。听家长说家庭的近况、教育的困境、幼儿的进步与问题，甚至是抱怨和谴责，倾听时要注意与家长眼神的交流，用点头或"是""好""我明白""嗯"等语言上的肯定来推进家长的讲述。同时要注意对交谈内容保密，如此会赢得家长的信任，完成有效的交流，更有助于解决问题。

（4）换位思考。

当教师在与家长沟通，尤其是发生矛盾、冲突时，一定要学会换位思考，从家长的角度来看待面对的情景、问题，这样教师能更加理解家长的想法、行为。另外，如果能换位思考，家长也能体会到教师的良苦用心，也会避免矛盾、冲突的发展，更有助于和谐的家园关系的建立，也有利于幼儿良好成长环境的营造。

（5）提升与家长相处的艺术。

家长对于教师来讲，既是服务对象，又是合作伙伴，还有可能成为朋友。教师在对待家长时一定要真诚、真心，凡事都以幼儿的发展为最终目标，这样家长能体会到，也会非常高兴与幼儿园配合。

（6）增强家长参与的主动性。

幼儿园要克服以往把家长作为被动接受指导的对象的观点，要充分重视家长的教育资源，增强家长参与的主动性，把家长作为合作办园者。

2.（1）挖掘社区资源，争取社区对幼儿教育的支持。

社区拥有雄厚的人力、物力、财力资源，社区内的各种劳动、社区内人们的相互依存关系、社区内的自然和人文历史景观等，都可以被幼儿园充分发掘和利用。

① 争取社区内人力支持。

社区中有很多人力资源都是幼儿园可以利用的。如幼儿园可以发挥社区退休老教师的余热,让其担当幼儿园保教指导员,现场培训年轻保教人员,或是为地域内家长办培训班,宣传科学育儿的知识;可以访问社区内各行各业的"专家",请他们来幼儿园参加活动,解答幼儿的各种问题;访问社区内的敬老院,请他们到幼儿园来做客等。

② 争取社区内物力支持。

幼儿园可以收集社区内部或社区内企业的闲置物资、边角料、废旧物品等,在符合卫生和安全要求的前提下,变废为宝,作为孩子们的活动材料;可以根据教育情况,带幼儿到社区的博物馆、图书馆、美术馆、展览馆、科技馆、体育馆、公园等地去参观,增加幼儿社会、历史、文化、艺术、体育等方面的感性知识。可以带幼儿到医院、超市、洗衣店、军营、建筑工地、加油站等地参观,让儿童对日常生活有更多的了解。还可以带着孩子到农村、草场、森林、山丘、河畔、海滩去郊游,让幼儿体验不同的生活,感受自然的魅力。

③ 争取社区内财力支持。

幼儿园应基于教育成本核算与园所持续发展的需要,遵循国家有关政策,确立合理的收费标准和额度。还可以争取效益好的企业、公司赞助等,募集经费,用于改善办园条件,为孩子们创造良好的生活和学习环境。

（2）积极探索幼儿园为社区服务的措施和途径。

① 在努力完成好幼儿园保教任务的同时,为社区提供多样化服务。

② 实现幼儿园教育资源的社区共享。

③ 履行幼教机构的社会宣传职责,发挥幼儿园作为社区精神文明辐射基地的作用。

（3）搞好社会协调,提高幼儿园整体效益。

幼儿园特别需要搞好对外协调,处理好幼教机构与其他社会机构、组织的关系,主动适应外部环境,不断提高幼儿园管理成效。

第九章
幼儿园组织文化建设

一、 教材知识思维导图

本章知识思维导图见图9-1。

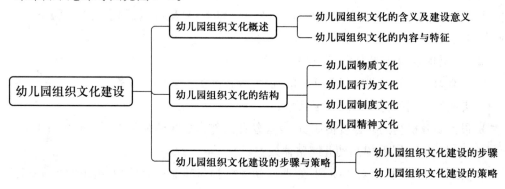

图9-1　本章知识思维导图

二、 本章考核的知识点与考核要求

本章需识记的内容有：（1）组织文化；（2）幼儿园组织文化；（3）物质文化；（4）行为文化；（5）制度文化；（6）精神文化。

本章需领会的内容有：（1）幼儿园组织文化的内容；（2）幼儿园组织文化的特征；（3）幼儿园开展组织文化建设的意义；（4）组织文化对团队的影响力；（5）幼儿园组织文化的建设者；（6）幼儿园物质文化；（7）幼儿园行为文化；（8）幼儿园制度文化；（9）幼儿园精神文化；（10）幼儿园组织文化的四个层次包含的要素；（11）构成幼儿园组织文化的四个层次之间的关系；（12）影响幼儿园组织文化建设的各种因素；（13）幼儿园组织文化建设的步骤；（14）幼儿园组织文化建设的策略。

本章需应用的内容有：（1）建立组织文化最重要的是什么问题；（2）在实践中如何给幼儿园定位，建立幼儿园的组织文化。

三、 重难点知识精讲

（一）幼儿园组织文化的含义

1. 组织文化的含义

组织文化就是在一定的社会政治、经济、文化背景条件下,组织在生产与工作实践过程中创造或逐步形成的,为组织成员普遍认可和遵守的具有本组织特色的价值观念、行为准则、团体意识、工作态度和思维模式的总和。

2. 幼儿园组织文化

幼儿园是社会组织中的一部分,幼儿园组织文化具备一般社会组织的特征。

有学者将幼儿园组织文化定义为"由全体成员认同的价值观念、情感态度、伦理道德、行为准则、习惯传统等凝聚而成的精神力量,其形成的过程一方面受社会的影响,另一方面在本园教育和管理的实践中被创造并逐渐完善。"

（二）幼儿园建设组织文化的重要意义

（1）导向作用。
（2）凝聚作用。
（3）激励作用。
（4）约束作用。
（5）辐射作用。

【知识拓展】

有一位园长在谈到他对幼儿园组织文化的看法时说:"我无法准确定义,但当我看到它时,就能下判断。"确实,给组织文化下定义挺难的,但我们还是需要有个基本的定义帮我们更好地理解这个现象。斯蒂芬 P. 罗宾斯在《组织行为学精要》一书中,将组织文化界定为:组织成员所分享的共同意义,它将一个组织与其他组织区分开来。组织文化的精髓可以用下列 7 个主要特征来概括:

①创新与冒险。组织鼓励员工进行创新和冒险的程度。

②注重细节。组织期望员工做事缜密,善于分析和注意细节的程度。

③结果导向。组织的管理层在多大程度上将注意力集中在结果上,而不是强调实现这些结果的手段和过程。

④人际导向。组织的管理层在多大程度上考虑组织内部的决策结果对组织成员的影响。

⑤ 团队导向。组织在活动时围绕团队而非个人进行组织的程度。

⑥ 进取心。组织成员具备进取心、竞争意识而非贪图安逸的程度。

⑦ 稳定性。与成长相比,组织活动更重视维持现状的程度。

(来源:郑子莹,卢雄.学前教育组织与管理[M].成都:西南交通大学出版社,2016)

【真题训练】

1.(2022.4)(单项选择题):当幼儿园的组织文化在社会上产生影响时,员工会产生强烈的荣誉感和自豪感,他们会加倍努力,用自己的实际行动去维护幼儿园的荣誉和形象,这体现了组织文化的(　　)。

A. 凝聚作用 　　　　　　　　　　 B. 导向作用

C. 激励作用 　　　　　　　　　　 D. 约束作用

【答案】C

【解析】组织文化有激励作用,幼儿园的精神和形象对员工有着极大的鼓舞作用,特别是幼儿园的组织文化在社会上产生影响时,员工会产生强烈的荣誉感和自豪感,他们会加倍努力,用自己的实际行动去维护幼儿园的荣誉和形象。

2.(2021.10)(单项选择题):幼儿园组织文化不只在本幼儿园内起作用,它也能通过各种渠道对社会和其他机构产生一定的影响,这体现了组织文化的(　　)。

A. 凝聚作用 　　　　　　　　　　 B. 辐射作用

C. 激励作用 　　　　　　　　　　 D. 约束作用

【答案】B

【解析】组织文化对社会和其他幼儿园有辐射作用,它不只在本幼儿园起作用,它也能通过各种渠道对社会,对其他幼儿园产生影响。辐射的渠道很多,主要包括传播媒体、公共关系活动等。

3.(2019.4)(单项选择题):组织文化会让幼儿园从实际出发,以科学的态度确定可行的、科学的发展目标,所有教职员工以此目标为指导从事教育活动,这体现了组织文化的(　　)。

A. 凝聚作用 　　　　　　　　　　 B. 导向作用

C. 激励作用 　　　　　　　　　　 D. 约束作用

【答案】B

【解析】组织文化会让幼儿园从实际出发,以科学的态度确定可行的、科学的发展目标,所有教职员工则以此目标为指导从事教育活动,体现了组织文化的导向作用。

考点二: 幼儿园组织文化的内容与特征

(一) 幼儿园组织文化的内容

幼儿园组织文化的内容见表9-1。

表 9-1　幼儿园组织文化的内容

幼儿园组织文化	具体内容
组织精神	以幼儿园价值观念为基础,以价值目标为动力,综合了幼儿园的管理哲学、道德风尚、团体意识等,为幼儿园全体员工共同认可的群体意识。组织文化以组织精神为核心,起着支配整个组织文化的作用
组织制度	在教育及管理活动中所形成的,为保障一定权利和义务的各种规定。它用外力约束和规范员工行为,强制保证组织文化的贯彻执行,是组织文化的硬件
组织形象	幼儿园的组织形象是通过外部特征和教育质量表现出来的,被公众所认同的总体印象

（二）幼儿园组织文化的特征

（1）人文性。

（2）独特性。

（3）动态性。

（4）历史性。

（5）教育性。

幼儿园组织文化还具有传承性、开放性和创新性。

【真题训练】

（2021.10）（单项选择题）：幼儿园要调动员工的积极性,除了要满足他们最基本的物质需求外,还要把他们视为平等的人,给予尊重,这体现了组织文化的(　　)。

A. 人文性　　　　　　　　　　　B. 独特性

C. 历史性　　　　　　　　　　　D. 教育性

【答案】A

【解析】组织文化建设应具有人文性,而调动员工的积极性,除了满足他们最基本的衣、食、住、行等生存需求外,更需要把他们视为平等的人,给予尊重,为其提供实现个人价值的机会。

考点三：幼儿园组织文化的结构

我们可以将组织文化分为四个层次,即物质文化层（表层）、行为文化层（浅层）、制度文化层（中层）和精神文化层（深层）,如图 9-2 所示。组织文化结构及内涵见表 9-2。

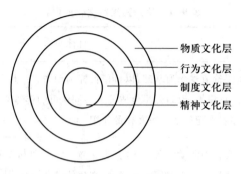

图 9-2　组织文化结构

表 9-2　组织文化结构及内涵

组织文化结构	结构内涵
物质文化层	组织文化抽象内容的外在物质显现,我们最先能接触到的、最直观的文化体现,包括组织实体性的文化设备、设施等
行为文化层	组织文化在组织成员的行为中的显现,我们可直接感受到,包括组织的生产行为、分配行为、交换行为和消费行为等,也包括企业形象、企业风尚和企业礼仪等行为文化因素
制度文化层	体现组织文化特色的各种规章制度、道德规范和员工行为准则的综合。我们在看到表面的制度规范的同时,还应剖析蕴藏其中的科学态度、现实精神、人文精神等,以及执行中的坚定性、公正性等。制度文化层主要包括分工协作关系的组织结构、管理制度、工作制度、分配制度等
精神文化层	组织文化的核心和主题,是广大员工共同具有的潜在意识,包括管理哲学、价值观念和道德观念等。与其他三个层次相比,可见度最低,但它会体现在其他三个层次之中,让我们看不见听不到,却能感受得到

幼儿园组织文化的结构可以从幼儿园物质文化、行为文化、制度文化和精神文化四个层次去剖析。见表 9-3。

表 9-3　幼儿园组织文化结构的四层次

结构四层次	内涵	内容
幼儿园物质文化	幼儿园通过由教职工、幼儿和家长创造的,体现幼儿园特色的物质群和器物文化,增强成员对幼儿园的认同感和凝聚力,发挥它的教育作用	1. 幼儿园标识 幼儿园标识指代表幼儿园形象的具体器物,它们能使人直接联想到幼儿园 2. 幼儿园物质环境 幼儿园的物质环境包括温馨、富有童趣的建筑风格;整洁、明亮、舒适的室内外环境;适宜幼儿探索的区角设置和玩教具等

续表

结构四层次	内涵	内容
幼儿园行为文化	幼儿园的行为文化主要是组织活动和组织成员行为规范的体现。它是幼儿园园风、精神面貌、人际关系的动态反映,是以动态的形式存在的组织文化	1. 以人为本,相互尊重 2. 形成爱岗敬业的行为规范 3. 兼顾组织与个体发展的协调统一 4. 幼儿园的各种仪式也是行为文化的载体
幼儿园制度文化	幼儿园的制度文化就是由幼儿园所制定的制度,及由此形成的组织形态和员工的行为模式构成的外显文化,其主要体现在:全体教职员工对待制度的态度,制定制度时科学严谨的态度以及执行制度时的坚决态度等	1. 提高幼儿园全体员工对制度的认识 2. 科学、公正地制定制度 3. 有效地执行制度
幼儿园精神文化	精神文化是幼儿园文化的内核,是幼儿园在长期的工作实践中形成的一种组织意识和文化观念,是幼儿园发展的推动力,激励幼儿园全体成员为实现幼儿园的发展目标而努力,从而形成凝聚力,促使全体师生同心协力,团结合作;进一步形成约束力,起到扬善抑恶的作用	全体员工认同的管理哲学、价值观念、组织精神和道德

【真题训练】

1. (2021.4)(单项选择题):幼儿园组织文化的结构中不包括(　　)。

A. 行为文化层　　　　　　　　　　B. 管理文化层

C. 精神文化层　　　　　　　　　　D. 制度文化层

【答案】B

【解析】幼儿园组织文化可以从幼儿园物质文化、行为文化、制度文化和精神文化四个层次去剖析。

2. (2020.8)(单项选择题):体现组织文化特色的各种规章、道德规范和员工行为准则的综合是幼儿园组织文化结构中的(　　)。

A. 行为文化层　　　　　　　　　　B. 精神文化层

C. 制度文化层　　　　　　　　　　D. 物质文化层

【答案】C

【解析】制度文化层是体现组织文化特色的各种规章制度、道德规范和员工行为准则的综合。

考点四：幼儿园组织文化建设的步骤

（一）影响幼儿园组织文化建设的因素

1. 内部因素

（1）创始人。创始人的价值观、人格特质、经营哲学、领导方式等往往直接影响幼儿园组织文化的形成。

（2）园长。组织文化的产生也受幼儿园领导风格的影响。

（3）幼儿园教职工。组织文化的形成还受到不同类型的人以及由他们组成的教职工队伍的影响。

（4）幼儿园的特征。

2. 外部因素

影响幼儿园组织文化建设的外部因素见表9-4。

表 9-4   影响幼儿园组织文化建设的外部因素

外部因素	具体影响
政治法律环境	国家的政治制度，国家制定的有关法规、政策环境，通常都包含教育和文化事业方面的规定，幼儿园组织文化的建设必然受到国家政治法律环境的促进或制约作用
经济环境	在一定的生产方式下，社会生产力的发展水平以及由此决定的人们的消费水平、消费机构和消费方式等
民族文化	一个国家在长期历史发展过程中逐步形成的，有强大的渗透力
行业特征	每个行业的社会导向、竞争环境、市场需求、社会期望等特征对组织文化的建设都有影响

（二）幼儿园组织文化建设的阶段

（1）创建阶段。

（2）群体认同阶段。

（3）共同价值观形成和普遍化阶段。

【真题训练】

1.（2021.10）（单项选择题）：属于影响幼儿园组织文化建设内部因素的是（   ）。

A. 政治法律环境　　　　　　　　　B. 幼儿园的特征

C. 经济环境　　　　　　　　　　　D. 民族文化

【答案】B

【解析】影响幼儿园组织文化建设的内部因素有创始人、园长、幼儿园教职工、幼儿园的特征四个因素。

2.（2021.4）（单项选择题）：影响幼儿园组织文化建设的外部因素中不包括（   ）。

A. 行业特征   B. 幼儿园的特征

C. 经济环境   D. 民族文化

【答案】B

【解析】影响幼儿园组织文化建设的外部因素有政治法律环境、经济环境、民族文化、行业特征等四个方面，B选项"幼儿园的特征"属于内部因素。

考点五：幼儿园组织文化建设的策略

幼儿园组织文化建设策略，就是为了创设优秀的组织文化采取的手段和方法。

园长是幼儿园组织文化建设的灵魂，园长对建设组织文化有至关重要的作用，故建设幼儿园组织文化可从以下几个方面入手展开：

（1）树立园长威信。

（2）树立正确的办园理念。

（3）设立愿景。

（4）建设骨干队伍。

（5）鼓励教职工、家长和幼儿参与到组织文化的建设中来。

【真题训练】

（2022.4）（单项选择题）：幼儿园可持续发展的生命线是（   ）。

A. 教育科研   B. 办园理念

C. 保育教育   D. 集体教学

【答案】B

【解析】正确的办园理念是幼儿园文化的灵魂，是幼儿园赖以生存发展的生命线，也是幼儿园教职工行为的指挥棒。

四、 同步强化练习

（一）单项选择题

1. 提出管理"不能脱离文化传统"，管理是"文化发展的结果"的管理学家是（   ）。

A. 泰勒   B. 德鲁克

C. 西蒙   D. 比奈

2. "园兴我荣，园衰我耻"这句话主要体现了组织文化的（   ）。

A. 激励作用   B. 导向作用

C. 凝聚作用   D. 约束作用

3. 每个组织都在特定的环境中生存和发展，每个幼儿园应因地制宜，根据自身情况，构建适合自身的组织文化,这体现了组织文化的(　　)。

A. 人文性 　　　　　　　　　　　　B. 稳定性

C. 历史性 　　　　　　　　　　　　D. 独特性

4. 幼儿园组织的生产行为、分配行为、交换行为和消费行为等,属于幼儿园组织文化的
(　　)。

A. 物质文化层 　　　　　　　　　　B. 行为文化层

C. 制度文化层 　　　　　　　　　　D. 精神文化层

(二)多项选择题

1. 幼儿园建设组织文化的意义体现在组织文化具有(　　)。

A. 导向作用 　　　　　　　　　　　B. 凝聚作用

C. 评价作用 　　　　　　　　　　　D. 约束作用

E. 管理作用

2. 幼儿园组织文化的特征有(　　)。

A. 人文性 　　　　　　　　　　　　B. 独特性

C. 动态性 　　　　　　　　　　　　D. 历史性

E. 教育性

3. 影响幼儿园组织文化建设的内部因素有(　　)。

A. 创始人 　　　　　　　　　　　　B. 园长

C. 幼儿园教职工 　　　　　　　　　D. 幼儿园的特征

E. 行业特征

(三)名词解释题

1. 幼儿园组织文化

2. 精神文化层

(四)简答题

1. 简述幼儿园组织文化的内容。

2. 简述在幼儿园制度文化建设过程中需要注意的问题。

3. 简述幼儿园组织文化建设的阶段。

4. 简述幼儿园组织文化建设的策略。

(五)论述题

试述组织文化的结构。

五、参考答案及解析

(一)单项选择题

1.【答案】B

【考点】幼儿园组织文化的含义

【解析】美国著名管理学家彼得·德鲁克曾经说过："管理也取决于文化条件,从属于一定社会价值观念和生活习惯",管理"不能脱离文化传统",是"文化发展的结果"。

2.【答案】C

【考点】幼儿园建设组织文化的重要意义

【解析】幼儿园组织文化具有凝聚作用,如果"园兴我荣,园衰我耻"成为每个教职工发自内心的共识,"爱园如家"就会变成他们的实际行动。

3.【答案】D

【考点】幼儿园组织文化的特征

【解析】幼儿园组织文化具有独特性,每个组织都在特定的环境中生存与发展,其所面临的历史阶段、发展程度,以及本身固有的文化积淀都不相同。每个幼儿园应该因地制宜,根据自身的情况,构建适合自身的组织文化。

4.【答案】B

【考点】幼儿园组织文化的结构

【解析】行为文化层,是组织文化在组织成员行为中的显现,我们可直接感受到,包括组织的生产行为、分配行为、交换行为和消费行为等,也包括企业形象、企业风尚和企业礼仪等行文化因素。

（二）**多项选择题**

1.【答案】ABD

【考点】幼儿园建设组织文化的重要意义

【解析】组织文化具有导向作用、凝聚作用、激励作用、约束作用以及对社会和其他幼儿园有辐射作用。

2.【答案】ABCDE

【考点】幼儿园组织文化特征

【解析】幼儿园组织文化与一般组织文化有共性,也有不同。一般来说,幼儿园组织文化具有人文性、独特性、动态性、历史性、教育性五个方面特征。

3.【答案】ABCD

【考点】影响幼儿园组织文化建设的因素

【解析】影响幼儿园组织文化建设的内部因素有创始人、园长、幼儿园教职工、幼儿园的特征四个因素。

（三）**名词解释题**

1. 幼儿园组织文化是由全体成员认同的价值观念、情感态度、伦理道德、行为准则、习惯传统等凝聚而成的精神力量,其形成的过程一方面受社会的影响,另一方面在本园教育和管理的实践中被创造并逐渐完善。

2. 精神文化层是组织文化的核心和主题,是广大员工共同具有的潜在意识,包括管理哲学、价值观念和道德观念等。

（四）简答题

1. 幼儿园组织文化应包含以下三方面内容：

（1）幼儿园的组织精神。

（2）幼儿园的组织制度。

（3）幼儿园的组织形象。

2.（1）提高幼儿园全体员工对制度的认识。

（2）科学、公正地制定制度。

（3）有效地执行制度。

3.（1）创建阶段。

（2）群体认同阶段。

（3）共同价值观形成和普遍化阶段。

4.（1）树立园长威信。

（2）树立正确的办园理念。

（3）设立愿景。

（4）建设骨干队伍。

（5）鼓励教职工、家长和幼儿参与到组织文化的建设中来。

（五）论述题

组织文化可分为四个层次，即物质文化层（表层）、行为文化层（浅层）、制度文化层（中层）和精神文化层（深层）。

（1）物质文化层，是组织文化抽象内容的外在物质显现，是我们最先能接触到的、最直观的文化体现。其包括组织实体性的文化设备、设施等。管理者可以通过物质文化的构建来传递本组织的文化理念，并不断提升组织文化的品位。

（2）行为文化层，是组织文化在组织成员行为中的显现，我们可直接感受到，包括组织的生产行为、分配行为、交换行为和消费行为等，也包括企业形象、企业风尚和企业礼仪等行为文化因素。

（3）制度文化层，是体现组织文化特色的各种规章制度、道德规范和员工行为准则的综合。我们在看到表面的制度规范的同时，还应剖析蕴藏在其中的科学态度、现实精神、人文精神等，以及执行中的坚定性、公正性等。其主要包括分工协作关系的组织结构、管理制度、工作制度、分配制度等。

（4）精神文化层，是组织文化的核心和主题，是广大员工共同具有的潜在意识，包括管理哲学、价值观念和道德观念等。与其他三个层次相比，其可见度最低，但其会体现在其他三个层次之中，让我们看不见听不到，却能感受得到。

第十章
园长与幼儿园领导工作

一、教材知识思维导图

本章知识思维导图见图10-1。

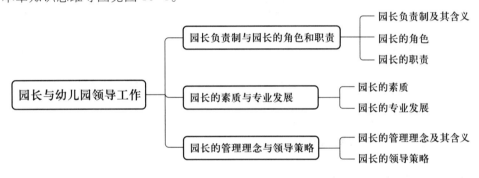

图 10-1　本章知识思维导图

二、本章考核的知识点与考核要求

本章需识记的内容有：(1) 园长负责制的含义；(2)《幼儿园工作规程》中规定的园长职责；(3) 园长素质的概念；(4) 园长专业发展的概念；(5) 园长的管理理念。

本章需领会的内容有：(1) 园长负责制的结构与功能；(2) 园长的角色；(3) 园长工作的主要任务和内容；(4) 园长素质的结构；(5) 园长专业发展的含义与几个发展阶段的特征；(6) 影响园长专业发展的内外因素；(7) 园长的领导策略；(8) 园长运用权力的策略；(9) 园长拓宽资源渠道的策略；(10) 园长改善管理思维的策略。

本章需应用的内容有：(1) 园长为什么需要把握幼儿园的整体方向,规划幼儿园的发展；(2) 园长怎样发挥指导者的作用；(3) 园长为什么需要协调好园内与园外的关系；(4) 分析1~2位优秀园长的素质；(5) 应用所学理论谈谈促进园长专业发展的途径；(6) 从影响园长专业成长的内外因素的角度,试析园长自主专业发展的策略；(7) 收集和整理一例园长善于提升自身非权力影响力的案例,并进行分析；(8) 收集和整理一例园长平衡幼儿内部人际关系的成功或失败案例,并进行分析。

三、 重难点知识精讲

考点一:园长负责制及其含义

(一)园长负责制的依据

制定园长负责制的相关幼教法规见表 10-1:

表 10-1　制定园长负责制相关幼教法规

时间	法规名称	提出内容
1989 年	《幼儿园管理条例》	幼儿园园长负责幼儿园的工作
1996 年	《幼儿园工作规程》	幼儿园实行园长负责制

(二)园长负责制的含义

园长负责制是一个结构性概念,反映的是园内领导关系的结构,是个人负责与各方面制约关系的统一。

(三)园长负责制的结构与功能

1. 确立园长办园的中心地位

园长负责制明确了园长对园所工作具有最高行政权,园长有决策指挥权、用人权、用财权与奖惩权等,在托幼园所处于中心地位。

(1)加强园长的职责和权限,权责统一,有利于发挥行政管理系统的作用,实行集中统一领导,提高管理效益。

(2)有利于保证幼儿园保教工作的业务领导,按教育规律办园办教育,确保幼儿园双重任务的完成。

2. 党组织发挥政治领导作用

幼儿园党支部的领导作用见表 10-2。

表 10-2　幼儿园党支部领导作用及表现

幼儿园党支部的领导作用	主要表现
三结合:政治领导、思想领导和组织领导	(1)发挥监督保证作用 (2)支持园长与行政部门行使职责,共同保证幼儿园各项任务的圆满完成 (3)教育激励群众,调动群众的积极性,做好思想政治工作 (4)加强党的思想建设和组织建设,真正发挥"战斗堡垒"的作用

3. 建立教代会民主管理制度

《幼儿园工作规程》规定,幼儿园应建立教职工大会制度,或以教师为主体的教职工代表会议制度,加强民主管理和监督。也就是说,园长对幼儿园工作的统一领导,是建立在民主管理和科学管理的基础之上的,发挥教职工的民主管理作用,是园长负责制的重要组成部分。教代会的职责是代表幼儿园全体员工对幼儿园各项决策提出意见和建议,是广大教职工对园所工作进行民主管理和监督的组织形式。

【真题训练】

(2021.4)(单项选择题):1996 年正式实施的、确定幼儿园实行园长负责制的法规是(　　　)。

A.《幼儿园教育指导纲要》　　　　B.《幼儿园工作规程》

C.《幼儿园管理条例》　　　　D.《教育规划纲要》

【答案】B

【解析】1996 年 6 月起正式实施的《幼儿园工作规程》提出:"幼儿园实行园长负责制。"

考点二:园长的角色

园长既是幼儿园管理的主体和承担者,又是幼儿园管理关系的创造者。具体来说,园长的角色及表现见表 10-3。

表 10-3　园长的角色及表现

园长的角色	具体表现
领导者的角色	(1) 园长是幼儿园思想的引领者 (2) 园长是幼儿园的行政领导者 (3) 园长在管理中处于主导地位,是管理的主体
指导者的角色	园长不仅是教育幼儿的教师,更是教师的指导者——幼儿教师的教师
学习者的角色	园长作为幼儿园的灵魂人物,是幼儿园办园理念的先行者,理所应当是教育、管理理论与实践的学习者
服务者的角色	为幼儿服务、为家长服务、为教师服务,努力提高办园质量,是园长管理工作的出发点也是归宿
协调者的角色	园长作为联系上级与幼儿园工作的中介,应具有较强的理解和执行上级方针政策,协调与上级关系的能力;要娴熟地把握幼儿园组织的各项复杂工作,运筹帷幄,处理好与园领导班子内部成员的关系、处理好与教职工的关系、处理好与家长的关系

【真题训练】

1.(2021.4)(单项选择题):园长角色之所以具有多重性,是受幼儿园管理过程中

（　　）。

　　A. 行政关系制约　　　　　　　　　　B. 人际关系制约

　　C. 组织关系制约　　　　　　　　　　D. 管理关系制约

【答案】D

【解析】园长角色之所以具有多重性，是受幼儿园管理过程中各种管理关系制约的，可以说，园长既是幼儿园管理的主体和承担者，又是幼儿园管理关系的创造者。

　　2.（2021.4）（单项选择题）：和谐的人际关系，是保障各项工作顺利开展的（　　）。

　　A. 基础　　　　　　　　　　　　　　B. 动力

　　C. 出发点　　　　　　　　　　　　　D. 落脚点

【答案】A

【解析】和谐的人际关系，是保障各项工作顺利开展的基础，是宽松园所环境的前提。

考点三：园长的职责

（一）《幼儿园工作规程》中规定的园长职责

《幼儿园工作规程》第三十六条对园长的主要职责做出如下规定：① 贯彻执行国家的有关法律、法规、方针、政策和上级主管部门的规定；② 领导教育、卫生保健、安全保卫工作；③ 负责建立并组织执行各种规章制度；④ 负责聘任、调配工作人员，指导、检查和评估教师以及其他工作人员的工作，并给予奖惩；⑤ 负责工作人员的思想工作，组织文化、业务学习，并为他们的政治和文化、业务进修创造必要的条件；关心和逐步改善工作人员的生活、工作条件，维护他们的合法权益；⑥ 组织管理园舍、设备和经费；⑦ 组织和指导家长工作；⑧ 负责与社区的联系和合作。

（二）园长工作的主要任务和内容

园长工作的全部任务和内容具体体现在以下几个方面。

1. 把握幼儿园整体方向，规划幼儿园发展

（1）正确理解并积极贯彻党和国家的教育方针。

（2）树立以幼儿为本的指导思想。

（3）规划幼儿园的未来发展。

2. 建设有效的幼儿园管理体系，优化内部管理

（1）组建精干高效的组织机构和制定各项规章制度。

（2）统筹兼顾，合理安排。

3. 创建优良组织文化，建设优秀的教职工队伍

（1）创建优良组织文化，优化育人环境。

（2）建设优秀的教职工队伍。

4. 领导和指导园所保教工作

（1）制订科学合理的保教计划。

（2）加强对保教工作的指导。

（3）加强对幼儿一日生活的管理与指导。

园长指导班组长安排班级的分工，使保教人员在幼儿一日生活各个环节中相互配合，协调一致，做好保教工作。园长应做到：① 尊重教师的保育教育经验和智慧，组织制订并实施科学、符合实际的保教活动方案；② 把幼儿的安全与健康放在首位，坚持以游戏为基本活动，保证幼儿必需的户外活动时间；③ 尊重幼儿身心发展规律，防止和克服幼儿园教育"小学化"倾向；④ 领导和保障幼儿园保育和教育研究活动的开展，提升保育教育水平。

5. 建立和谐的内外关系，调适外部环境

对内，园长要尊重教职工，关心教职工，协调好各种园内关系。

对外，园长要建立幼儿园对外合作与交流机制，开放办园，形成幼儿园与家庭、社会（社区）及园际间的良性互动，实现互惠双赢。园长应做到：① 要面向家庭和社会（社区）开展公益性科学育儿的指导和宣传，利用家长学校、家长会、家长开放日等形式，帮助家长了解幼儿园保教情况；② 要加强幼儿园与社会（社区）的联系，利用文化、交通、消防等部门的社会教育资源，丰富幼儿园的教育活动；③ 要引导家长委员会及社会有关人士参与幼儿园教育和管理工作，吸纳各界合理建议，不断改进园所工作。

【真题训练】

（2021.4）（单项选择题）：作为一个组织的灵魂，对组织的生存与发展起着至关重要作用的是（　　）。

A. 教师　　　　　　　　　　　　　B. 领导

C. 文化　　　　　　　　　　　　　D. 管理

【答案】C

【解析】文化是一个组织的灵魂，对组织的生存与发展起着至关重要的作用。

考点四：园长的素质

园长的素质是指园长自身所具有的基本条件和内在的特征，包括政治思想素质、知识素质、心理品质、能力素质、身体素质等。见表10-4。

表 10-4　园长的素质

园长的素质	具体表现
政治思想素质	（1）较高的政治理论修养和政策水平 （2）强烈的事业心和高度的责任感 （3）坚定的教育信念 （4）良好的道德修养和工作作风

续表

园长的素质	具体表现
知识素质	(1) 广博的科学文化知识 (2) 系统的幼儿教育专业知识 (3) 基本的幼儿园科学管理知识
心理品质	(1) 顽强的意志 (2) 健康的情感 (3) 积极进取的性格
能力素质	(1) 决策能力 (2) 协调沟通能力 (3) 灵活应变能力 (4) 创新进取能力

【真题训练】

(2021.4)(单项选择题):直接影响着幼儿园管理工作效率的是园长的(　　)。

A. 能力素质　　　　　　　　　　　B. 知识素质

C. 心理品质　　　　　　　　　　　D. 教育信念

【答案】A

【解析】能力是知识、智慧和技能在实践中的综合体现。园长的能力素质直接影响着幼儿园管理工作的效率。

考点五：园长的专业发展

（一）园长专业发展的概念

从职业群体的角度看,园长专业化是指园长职业由准专业阶段不断发展的过程,即在整个职业层面上逐渐由准专业阶段向专业阶段不断发展的过程,并向上逐渐达到专业标准的过程。

从个体角度看,园长专业化被称作"园长专业发展",是指园长的内在专业结构不断更新、演进和丰富的进程,是园长个体专业持续发展、日臻完善的过程。

园长专业发展的实质,就是要完成从教育专业向管理专业的转化;园长专业发展的过程就是从一个教师的角色向管理者的角色转化的过程。

（二）园长专业发展阶段

园长的专业发展是一个过程,一般都有职前预备—适应—称职—成熟四个相互联系、前后衔接的阶段。在整个专业成长过程中,前一个阶段是后一个阶段的基础,后一个阶段是前一个阶段的提高,各阶段的主要特征表现见图 10-2。

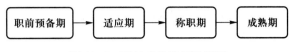

图 10-2　园长专业发展阶段图

1. 职前预备期

大部分园长前期都是幼儿教师中的佼佼者,积累了大量的实践经验,并对幼儿园的实际了如指掌;另外,园长一般在职前已在幼儿园中担任过一定的行政职务,积累了局部管理经验,取得了领导和群众的认可。

2. 适应期

这一阶段是园长担任职务后,适应环境、掌握管理经验和规律、从被动适应到主动发展的时期。

3. 称职期

该阶段的园长已具有较高的幼儿园管理能力与技巧,同时拥有多方面的信息来源,并经过不断的自我修养、学习和研究,能进行有效的园所管理。

4. 成熟期

在成熟期,园长树立了正确的教育思想,管理行为摆脱了单纯经验的局限,有了独特的办园见解,能够按照本园实际情况科学地管理幼儿园;在管理工作中,园长能不断地发现问题、分析问题,并对实践中存在的问题进行科学批判思考,并不断地探索新思路、新方法,创造性地开展工作,办园成绩显著,并且在园长群体中树立了一定的威望。

(三) 影响园长专业发展的因素

1. 内在因素

(1) 专业信念。

(2) 个人的学习和反思。

(3) 个人能力。

(4) 自我发展需要和意识。

(5) 专业态度和动机。

2. 外在因素

(1) 所在幼儿园环境。

(2) 上级教育或主管部门及其领导的工作态度和行为。

(3) 园长管理政策法规和制度。

3. 内外因素的相互作用

影响园长专业发展的根源来自内部,内在因素起决定作用,而外在因素起制约作用。内在因素和外在因素之间不是孤立而封闭的,而是紧密地交融在一起,形成了一个辩证的统一体。内在因素和外在因素都是不可或缺的,缺少了内在因素,外在条件再好,园长自身不努力,无论如何也不可能成为优秀园长;缺少了外在条件,内在因素再努力也是枉然。

需要强调的是,在所有互动关系中,园长个人和其所在幼儿园环境的互动关系是与园长专业发展关系最为紧密的因素。

从内、外因素的互动作用中我们能够获得启示:即使外在条件稍差,内在因素也能够影响和提升外在因素,从而达到目标;反过来也是如此,园长内在因素稍差,外在因素较好,那么外在因素也可以影响和提升内在因素,从而达到目标。

【真题训练】

(2019.4)(单项选择题):属于影响园长专业发展的内在因素的是(　　　　)。

A. 幼儿园环境　　　　　　　　　　　B. 主管部门的态度

C. 政策法规制度　　　　　　　　　　D. 专业态度和动机

【答案】D

【解析】影响园长专业发展的内在因素主要有园长的专业信念、个人的学习和反思、个人能力、自我发展需要和意识以及专业态度和动机五个方面。

考点六:园长的管理理念及其含义

园长的管理理念是园长对幼儿园管理全过程、各要素及其关系的理性思考,是关于幼儿园管理方面宏观的、内在的理性思考。见表 10-5。

表 10-5　园长的管理理念

园长的管理理念	具体表现
以德为先	热爱幼教事业和幼儿园管理工作,具有服务幼儿、服务社会、服务国家的社会责任感和使命感;践行职业道德规范,立德树人,关爱幼儿,尊重教职工,为人师表,勤勉敬业,公正廉洁
幼儿为本	坚持幼儿为本的办园理念,把促进幼儿健康、快乐成长作为幼儿园工作的出发点和落脚点;面向全体幼儿,平等对待;尊重个体差异,因材施教,促进幼儿富有个性地全面发展;树立科学的儿童观与教育观,使每个幼儿都能接受高质量的教育
引领发展	园长作为幼儿园改革与发展的带头人,担负引领幼儿园和教师发展的重任,应把握正确的办园方向,描绘幼儿园发展愿景,并引领落实;坚持依法办园,建立健全幼儿园各项规章制度,实施科学管理、民主管理,推动幼儿园可持续发展;尊重教师专业发展规律,激发教师自主成长的内在动力,创造宽容、自由、和谐的幼儿园氛围
能力为重	不断提高规划幼儿园发展、营造育人文化、领导保育教育、引领教师成长、优化内部管理和调适外部环境等方面的能力;坚持在不断的实践与反思过程中,提升自身的专业能力
终身学习	树立终身学习的观念,将学习作为园长专业发展、改进工作的重要途径;优化专业知识结构,提高自身的科学文化艺术素养;与时俱进,及时了解国内外学前教育改革与发展的趋势;不断反思,保持敏感性,实现自我提升;注重学习型组织建设,使幼儿园成为园长、教师与幼儿共同成长的家园

考点七：园长的领导策略

（一）有效运用权力的策略

要想使权力发挥出真正的作用,园长在行使权力时,必须做到有法可依,照章办事,要注意职权相符,不能随意超越自己的职权;运用权力时要讲道理,坚持以理服人,切忌蛮横无理,以权压人;使用权力时要重视感情因素,以情动人。只有做到法、理、情三者协调统一,才能使权力的运用发挥积极的作用。如果滥用权力,只能使权力的效能受到消极影响。

（1）协调执行规章制度时的"法"与"情"。

（2）提高自身的非权力性影响力。

园长领导力由两部分构成:权力性影响力和非权力性影响力。

权力性影响力是由领导者掌握合法职权,并能合情合理地加以运用而产生的影响力。这种影响力是以"法定"为依据,以权力为核心形成的。其特点是:对教职工的影响有明显的强制性和不可抗拒性;它以外部压力的形式发生作用,在其作用下,教职工的心理和行为主要表现为被动和服从。

所谓非权力性影响力,是由领导者自身所表现出来的良好的品格、卓越的才能、丰富的知识和经验、真挚而友善的感情因素构成的。

在领导影响力的构成中,非权力性影响力占主导地位,起着决定作用。

（3）善于用人。

（4）有效的授权。

所谓授权,就是领导者把所属权力按照规定和工作需要授予下级,从而给下级提供完成任务所必需的权限。

园长授权要把握以下几点:① 要因事用人,视能授权;② 明确职责范围;③ 在授权时,要确定自己保留的权力;④ 授权后,要进行必要的监督和控制。

（二）协调人际关系的策略

协调人际关系,达到有效沟通的策略主要表现在以下几方面。

1. 协调与平衡幼儿园内部人际关系

（1）协调与平衡领导班子内部成员间的关系,避免"内耗"。

（2）协调与平衡教职工之间的关系,注重人文关怀。

2. 协调与平衡幼儿园外部人际关系

（1）协调与平衡幼儿园与上级主管部门之间的关系。

（2）协调与平衡幼儿园与家长之间的关系。

（三）拓宽资源渠道的策略

园长有效地运用各种资源,应做到以下几点:（1）争取家长资源;（2）利用社区资源;

（3）整合园内资源；（4）挖掘信息资源。

（四）改善管理思维的策略

（1）注重方法性和工具性知识的学习。

（2）时常用发展的眼光审视幼儿园工作,用新的观念评价幼儿园运转过程中的人与事,尊重教职工的创新精神和创造性的劳动,并善于以积极的行动支持与鼓励具有发展潜力的新观点与新方法。

【真题训练】

1.（2019.10）（单项选择题）:提高园长领导影响力的关键在于提高其（　　）。

A.权力性影响力　　　　　　　　　　B.决策力

C.统筹协调力　　　　　　　　　　　D.非权力性影响力

【答案】D

【解析】在领导影响力的构成中,非权力性影响力占主导地位,起着决定作用。

2.（2021.4）（单项选择题）:幼儿园要注意争取周边各方面人力、物力、财力等的支持和帮助,这是拓宽资源渠道中（　　）。

A.挖掘信息资源的策略　　　　　　　B.整合园内资源的策略

C.利用社区资源的策略　　　　　　　D.争取家长资源的策略

【答案】C

【解析】社区是幼儿园生存和发展的基本环境。密切与社区联系,充分发掘和利用社区资源,可以为幼儿园发展提供良好的环境和条件,因此,如何利用社区资源成为园长工作的重要内容之一。园长要注意争取社区各方面人力、物力、财力等的支持和帮助。

四、 同步强化练习

（一）单项选择题

1.在幼儿园管理中,园长的角色特点是（　　）。

A.单一性　　　　　　　　　　　　　B.多重性

C.目的性　　　　　　　　　　　　　D.灵活性

2.幼儿园园长要加强学习,更新观念,并努力将先进的教育理念落实到自己的管理行为中去,这体现了园长的（　　）。

A.领导者角色　　　　　　　　　　　B.服务者角色

C.指导者角色　　　　　　　　　　　D.学习者角色

3.园长要努力为幼儿服务、为家长服务及为教师服务,努力提高办园质量,这体现了园长的（　　）。

A.领导者角色　　　　　　　　　　　B.服务者角色

C. 学习者角色   D. 指导者角色

4. 作为园长办园的精神支柱,对其教育管理行为有着很强的塑造作用和制约作用的是园长的( )。

A. 能力素质   B. 知识素质

C. 心理品质   D. 教育信念

(二)多项选择题

1. 园长的角色主要表现在( )。

A. 领导者的角色   B. 发令者的角色

C. 学习者的角色   D. 服务者的角色

E. 协调者的角色

2. 园长的专业发展是一个过程,一般包括( )。

A. 职前预备期阶段   B. 适应期阶段

C. 称职期阶段   D. 成熟期阶段

E. 倦怠期阶段

3. 影响园长专业发展的外在因素有( )。

A. 园长的自我发展需要和意识

B. 上级教育或主管部门及其领导的工作态度和行为

C. 专业态度和动机

D. 园长管理政策法规和制度

E. 所在幼儿园环境

4. 园长管理理念是园长对幼儿园管理全过程、各要素及其关系的理性思考,是关于幼儿园管理方面宏观的、内在的理性思考,具体包括( )。

A. 以德为先   B. 幼儿为本

C. 引领发展   D. 能力为重

E. 终身学习

(三)名词解释题

1. 园长的职责

2. 园长专业发展的实质

3. 权力性影响力

(四)简答题

1. 简述园长的角色。

2. 简述园长应具备的知识素质的具体内容。

3. 简述园长的领导策略。

(五)论述题

1. 试述园长负责制的结构与功能。

2. 试述影响园长专业发展的因素以及这些因素的相互作用。

五、参考答案及解析

（一）单项选择题

1.【答案】B

【考点】园长的角色

【解析】在幼儿园管理中,园长扮演着多重角色,具有多重性的特点。在幼儿园内部,园长是教职工的"上级",而对幼儿园的主管单位或部门来说,园长是"下级";在幼儿园行政工作中,园长是领导者,而在党支部中,园长可能是一名普通党员;在幼儿园内部,园长是资源的分配者,而在争取外部支持、同外界打交道时,园长又成了联络者和谈判者。

2.【答案】D

【考点】学习者的角色

【解析】园长的学习者角色要求园长要注重加强学习,更新观念,不仅要注重对相关教育与管理理论的学习,还要努力将先进的教育理念落实到自己的管理行为中,将理论与本园实际相结合,这样才能真正把握本园教育管理规律,促进园所发展。

3.【答案】B

【考点】服务者的角色

【解析】园长服务者的角色要求园长要为幼儿服务、为家长服务及为教师服务,努力提高办园质量,这是其管理工作的出发点也是归宿。

4.【答案】D

【考点】政治思想素质

【解析】教育信念是园长办园的精神支柱,对其教育管理行为有着很强的塑造作用和制约作用,决定着办园的方向、目标、方法、手段以及采取的行动。

（二）多项选择题

1.【答案】ACDE

【考点】园长的角色

【解析】园长的角色主要体现在领导者的角色、指导者的角色、学习者的角色、服务者的角色、协调者的角色五个方面,没有体现出发令者的角色。

2.【答案】ABCD

【考点】园长专业发展阶段

【解析】园长专业发展一般都有职前预备—适应—称职—成熟四个相互联系、前后衔接的阶段。

3.【答案】BDE

【考点】影响园长专业发展的因素

【解析】影响园长专业发展的外在因素有所在幼儿园环境、上级教育或主管部门及其领导的工作态度和行为、园长管理政策法规和制度等三个方面。

4.【答案】ABCDE

【考点】园长的管理理念及其含义

【解析】园长管理理念包括以德为先、幼儿为本、引领发展、能力为重以及终身学习等五个方面。

（三）名词解释题

1. 园长的职责，就是园长这个特定的工作岗位应承担的特定责任。

2. 园长专业发展的实质，就是要完成从教育专业向管理专业的转化；园长专业发展的过程就是从一个教师的角色向管理者角色转化的过程。

3. 权力性影响力是由领导者掌握合法职权，并能合情合理地加以运用而产生的影响力。这种影响力以"法定"为依据，以权力为核心形成。

（四）简答题

1. 园长的角色主要表现在以下几个方面：

（1）领导者的角色。

（2）指导者的角色。

（3）学习者的角色。

（4）服务者的角色。

（5）协调者的角色。

2.（1）广博的科学文化知识。

（2）系统的幼儿教育专业知识。

（3）基本的幼儿园科学管理知识。

3.（1）有效运用权力的策略。

（2）协调人际关系的策略。

（3）拓宽资源渠道的策略。

（4）改善管理思维的策略。

（五）论述题

1.（1）确立园长办园的中心地位。

园长负责制明确了园长对园所工作具有最高行政权，园长有决策指挥权、用人权、用财权与奖惩权等，在托幼园所处于中心地位。

实行园长负责制，加强园长的职责和权限，权责统一，有利于发挥行政管理系统的作用，实行集中统一领导，提高管理效益；同时，有利于保证幼儿园保教工作的业务领导，按教育规律办园办教育，确保幼儿园双重任务的完成。

（2）党组织发挥政治领导作用。

党的领导在办好幼儿园，实现工作目标方面发挥着保障作用。幼儿园党支部的领导作用是政治领导、思想领导和组织领导三者的结合。主要体现在：① 发挥监督保证作用。在办园方向上，监督保证党的路线、方针、政策在幼儿园的贯彻落实，保证办园的社会主义方向，在园所发展规划及干部与教职工任免等重大问题上参与决策，有审议权。② 支持园长与行政部门行使职责,共同保证幼儿园各项任务的圆满完成。③ 教育激励群众,调动群众的积极性,做好思想政治工作。④ 加强党的思想建设和组织建设,真正发挥"战斗堡垒"的作用。

（3）建立教代会民主管理制度。

园长负责制是民主集中制的管理办法。《幼儿园工作规程》规定,幼儿园应建立教职工大会制度,或以教师为主体的教职工代表会议制度,加强民主管理和监督。也就是说,园长对幼儿园工作的统一领导,是建立在民主管理和科学管理的基础之上的,发挥教职工的民主管理作用,是园长负责制的重要组成部分。

2.（1）影响园长专业发展的因素有内在因素和外在因素之分。内在因素包括园长的专业信念、个人的学习和反思、个人能力、园长的自我发展需要和意识、专业态度和动机;外在因素包括所在幼儿园环境、上级教育或主管部门及其领导的工作态度和行为、园长管理政策法规和制度。

（2）内外因素的相互作用:影响园长专业发展的根源来自内部,内在因素起决定作用,而外在因素起制约作用,内在因素和外在因素之间不是孤立而封闭的,而是紧密地交融在一起,形成了一个辩证的统一体。两者都是不可或缺的,缺少了内在因素,外在条件再好,园长自身不努力,无论如何也不可能成为优秀的园长;缺了外在条件,内在因素再努力也是枉然。

模拟演练试卷（一）

第一部分　选择题（30分）

一、单项选择题：本大题共 25 小题，每小题 1 分，共 25 分。在每小题列出的备选项中只有一项是最符合题目要求的，请将其选出。

1. "管理就是计划、组织和控制等活动的过程"属于（　　）的观点。
   A. 职能论　　　　　　　　　　　　B. 过程论
   C. 决策论　　　　　　　　　　　　D. 系统论

2. 管理的核心是（　　）。
   A. 处理好人际关系　　　　　　　　B. 整合好社会资源
   C. 确定好活动目标　　　　　　　　D. 创设好特定环境

3. "（　　）是最稀有的资源"，组织的管理总是在一定的时间进程中进行的。
   A. 人　　　　　　　　　　　　　　B. 财
   C. 物　　　　　　　　　　　　　　D. 时间

4. 管理过程的实质性阶段，包括组织、指挥、协调、控制、激励等一系列活动，这是管理过程理论的（　　）。
   A. 计划阶段　　　　　　　　　　　B. 执/实行阶段
   C. 检查阶段　　　　　　　　　　　D. 总结阶段

5. 根据园所工作进程中出现的特殊重要问题或情况而做出新安排，属于幼儿园计划中的（　　）。
   A. 常规性工作计划　　　　　　　　B. 个人计划
   C. 临时性工作计划　　　　　　　　D. 部门计划

6. 支撑幼儿园组织框架的核心部分是（　　）。
   A. 组织的共同目标　　　　　　　　B. 纵向的等级
   C. 横向的部门　　　　　　　　　　D. 明确的组织活动规则

7. 某幼儿园在设置有保管员的前提下，园长因个人的某些关系而设专职的教玩具制作员，违背了设置幼儿园组织机构的（　　）。
   A. 设岗要实，用人要精原则　　　　B. 分工协作，形成整体原则
   C. 权责对等，相对稳定原则　　　　D. 统一指挥，从容调度原则

8. 规章制度可以确保幼儿园工作人员做到分工负责，各司其职、各得其所，又协调配合，使各方面力量有效地服务于共同的组织目标，提高工作效率和管理效能，这体现了规章制度

的(　　)。

　　A. 指向作用　　　　　　　　　　　　B. 制约作用

　　C. 协调作用　　　　　　　　　　　　D. 保障作用

9. 一切资源中最主要的资源是(　　)。

　　A. 人力资源　　　　　　　　　　　　B. 物力资源

　　C. 财力资源　　　　　　　　　　　　D. 环境资源

10. 最大限度地调动员工的工作积极性,通过激发其工作动机,唤起教职员工对工作的高度责任感属于人力资源管理的(　　)。

　　A. 发展性原则　　　　　　　　　　　B. 人本原则

　　C. 激励性原则　　　　　　　　　　　D. 人事相宜原则

11. 人力资源规划是一项系统的工程,它以幼儿园发展战略为(　　)。

　　A. 指导　　　　　　　　　　　　　　B. 核心

　　C. 准则　　　　　　　　　　　　　　D. 基础

12. 保教工作的高层管理人员由园长、(　　)组成。

　　A. 保教主任　　　　　　　　　　　　B. 支部书记

　　C. 业务副园长　　　　　　　　　　　D. 骨干教师

13. 制订幼儿园教科研计划的是(　　)。

　　A. 园长　　　　　　　　　　　　　　B. 业务副园长

　　C. 教师　　　　　　　　　　　　　　D. 教科研组长

14. 《幼儿园教育指导纲要》指出,建立良好的常规,避免不必要的管理行为,逐步引导幼儿学习(　　)。

　　A. 互相管理　　　　　　　　　　　　B. 自我管理

　　C. 小组管理　　　　　　　　　　　　D. 教师管理

15. 要求幼儿园提供发展大肌肉的运动设备和发展各种感觉经验的沙水区和动植物区,这体现了幼儿园环境管理的(　　)。

　　A. 安全性原则　　　　　　　　　　　B. 教育性原则

　　C. 多样性原则　　　　　　　　　　　D. 层次性原则

16. 以下不属于健康教育基本内容的是(　　)。

　　A. 生活卫生教育　　　　　　　　　　B. 安全教育

　　C. 身体锻炼　　　　　　　　　　　　D. 意志力教育

17. 要求幼儿园财务管理必须从实际出发,使幼教资源的配置更具有针对性,也更富有效益,这便是幼教财务管理的调节功能。这体现了幼儿园财务管理(　　)。

　　A. 有助于为幼教事业的发展筹集经费　　B. 有利于科学合理地调节幼教资金

　　C. 有助于有效监督幼教资金的使用　　　D. 有助于评价幼教资源的利用效果

18. 检查经费是否保证了幼儿园工作的需要,是否促进了各项事业的发展,是否贯彻了勤俭办园的方针,有无铺张浪费现象,这体现了经费预算的(　　)。

A. 计划目标作用 　　　　　　　　　　B. 分配协调作用

C. 执行控制作用 　　　　　　　　　　D. 检查考核作用

19. 入园之初最常采用的家长工作方式是(　　)。

A. 家长会 　　　　　　　　　　　　　B. 家访

C. 家长开放日 　　　　　　　　　　　D. 家长参与

20. 每个幼儿都有独特的身心发展特点,每个家庭都有特有的教养方式,教师要充分了解幼儿,了解家庭特点,与家长沟通、合作,制订适宜的教育方案。以上表述体现了家长工作的(　　)。

A. 互相尊重,平等合作原则 　　　　　B. 全面开展,注重差异原则

C. 全员参与原则 　　　　　　　　　　D. 常态化、动态化原则

21. 带幼儿到社区的博物馆、图书馆、美术馆等地去参观,是利用了社区的(　　)。

A. 人力支持 　　　　　　　　　　　　B. 物力支持

C. 财力支持 　　　　　　　　　　　　D. 资源支持

22. 由外部特征,如招牌、门面、徽标、广告、物质环境等,表现出来的形象称(　　)。

A. 表面形象 　　　　　　　　　　　　B. 外部形象

C. 外表形象 　　　　　　　　　　　　D. 表层形象

23. 幼儿园组织文化建设的灵魂是(　　)。

A. 教师 　　　　　　　　　　　　　　B. 副园长

C. 园长 　　　　　　　　　　　　　　D. 保育员

24. 园长应做到实事求是,坚持真理,修正错误;公正廉洁,艰苦奋斗,严于律己,以身作则,体现了园长(　　)。

A. 较高的政治理论修养和政策水平 　　B. 强烈的事业心和高度的责任感

C. 坚定的教育信念 　　　　　　　　　D. 良好的道德修养和工作作风

25. 园长担任职务后,适应环境、掌握管理经验和规律、从被动适应到主动发展的时期称为(　　)。

A. 职前准备期 　　　　　　　　　　　B. 适应期

C. 称职期 　　　　　　　　　　　　　D. 成熟期

二、多项选择题:本大题共 **5** 小题,每小题 **1** 分,共 **5** 分。在每小题列出的备选项中至少有两项是符合题目要求的,请将其选出,错选、多选或少选均无分。

26. 幼儿园的组织活动中并存着两种过程,即(　　)。

A. 教育过程 　　　　　　　　　　　　B. 计划过程

C. 管理过程 　　　　　　　　　　　　D. 实行过程

E. 维持过程

27. 幼儿园教职员工的绩效考核包括(　　)。

A. 业绩考评 　　　　　　　　　　　　B. 能力考评

C. 态度考评 　　　　　　　　　　　　D. 健康考评

E. 工作考评

28. 教育行政工作运作的基本条件有(　　)。

A. 经费　　　　　　　　　　　　　B. 人事

C. 组织　　　　　　　　　　　　　D. 管理

E. 机构

29. "幼儿园个性"包括幼儿园的(　　)。

A. 价值观念　　　　　　　　　　　B. 发展目标

C. 服务方针　　　　　　　　　　　D. 经营特色

E. 管理理念

30. 精神文化是幼儿园文化的内核,具体包括全体员工认同的(　　)。

A. 管理哲学　　　　　　　　　　　B. 价值观念

C. 组织精神　　　　　　　　　　　D. 道德

E. 领导班子

第二部分　非选择题(70分)

三、名词解释题:本大题共 5 小题,每小题 3 分,共 15 分。

31. 幼儿园计划

32. 执行

33. 幼儿园组织机构

34. 人力资源规划

35. 幼儿园财务管理

四、简答题:本大题共 5 小题,每小题 5 分,共 25 分。

36. 简述学习和研究幼儿园管理的意义。

37. 简述总结阶段应注意的问题。

38. 简述幼儿园教师管理的策略。

39. 简述幼儿园健康工作管理的内容。

40. 幼儿园应如何加强对家长工作的管理?

五、论述题:本大题共 2 小题,每小题 10 分,共 20 分。

41. 试述组织文化建设对幼儿园发展的重要意义。

42. 试述园长有效运用权力的策略。

六、案例分析题:本大题共 1 小题,10 分。

43. 案例:家长工作是幼儿园工作的重要内容,对于幼儿园新教师而言,这是一项重要的挑战。蓝天幼儿园新入职的朱老师平时工作认真负责,也非常喜欢与孩子相处,但家长工作却成了她的一个难题。她不知道应该和家长说些什么,害怕与家长交流。

"老师,浩浩昨天睡太晚了,中午让他好好休息一会儿。"

"老师,东东今天在幼儿园吃饭怎么样?"

"老师,静静和小朋友玩得好不好?"

面对家长的种种问题,朱老师总是用"还可以""挺好的"之类的话回答,家长们得不到具体的信息,觉得老师在敷衍他们,久而久之,也不愿意再找她了解孩子的情况了。朱老师也索性将与家长交流的工作都推给了另一位教师。

问题:朱老师出现了什么问题?你认为应该怎样解决这一问题?

模拟演练试卷（一）答案及解析

第一部分　选择题(30分)

一、单项选择题

1.【答案】B

【考点】从不同角度看管理

【解析】过程论的主要观点为"管理就是计划、组织和控制等活动的过程。"

2.【答案】A

【考点】管理的含义

【解析】管理的核心是处理好人际关系,激发和调动组织成员工作的积极性。

3.【答案】D

【考点】幼儿园管理要素

【解析】"时间是最稀有的资源",组织的管理总是在一定的时间进程中进行的。

4.【答案】B

【考点】"戴明环"管理过程理论

【解析】执/实行阶段主要是按照计划的要求去执行工作,用计划去指导工作的开展,这是管理过程的实质性阶段。这一环节包括组织、指挥、协调、控制、激励等一系列活动。

5.【答案】C

【考点】幼儿园工作计划的分类

【解析】临时性工作计划是指根据园所工作进程中出现的特殊重要问题或情况所做的新安排。例如根据传染病、自然灾害等制订出的计划。

6.【答案】D

【考点】幼儿园组织机构的要素

【解析】明确的组织活动规则是支撑幼儿园组织框架的核心部分。

7.【答案】A

【考点】设置幼儿园组织机构的原则

【解析】在设置岗位时一定要因工作的需要设岗,选择合适人才,反对和避免因人而设岗。如在设置有保管员的前提下,因个人的某些关系而设专职的教玩具制作员就违背了设岗要实,用人要精的原则。

8.【答案】C

【考点】幼儿园规章制度的意义

【解析】规章制度有利于规范人们的行为,协调相互关系,提高管理成效。规章制度起着协调各方面工作和各类人员行为的作用,既分工负责,各司其职、各得其所,又协调配合,使各方面力量有效地服务于共同的组织目标,提高工作效率和管理效能。

9.【答案】A

【考点】幼儿园人力资源管理的意义

【解析】人力资源是一切资源中最主要的资源,人力资源管理就是将人看作一种关键的资源和稀缺的资源来进行管理,强调以人为中心、人和事的统一协调发展,努力发掘人所具备的潜在能力。

10.【答案】C

【考点】幼儿园人力资源管理的原则

【解析】幼儿园人力资源管理的一个重要任务,就是最大限度地调动员工的工作积极性,通过激发其工作动机,唤起教职员工对工作的高度责任感,体现了激励性原则。

11.【答案】A

【考点】制定人力资源规划的措施

【解析】人力资源规划是一项系统的工程,它以幼儿园发展战略为指导,以全面核查现有人力资源状况、分析幼儿园内外部条件为基础,以预测组织对人员的未来供需为切入点,基本涵盖了人力资源的各项管理工作。

12.【答案】C

【考点】建立和完善幼儿园保教工作组织系统

【解析】保教工作的高层管理人员由园长、业务副园长组成。

13.【答案】D

【考点】教育活动计划管理

【解析】幼儿园教科研计划主要由教科研组长制订。

14.【答案】B

【考点】幼儿园一日活动常规的特点

【解析】建立良好的常规,避免不必要的管理行为,逐步引导幼儿学习自我管理。

15.【答案】C

【考点】环境管理

【解析】由于儿童成长和发展需要是多方面的,多样性原则要求幼儿园提供多种类型的用具及设备,如发展大肌肉的运动设备:秋千、滑梯、攀爬具、跷跷板浪木、转椅、摇船、平衡板、吊环、直跑道等;发展各种感觉经验的沙水区和动植物区。

16.【答案】D

【考点】健康教育指导

【解析】健康教育的基本内容包括:① 生活卫生教育;② 安全教育;③ 身体锻炼;④ 心理健康教育。

17.【答案】B

【考点】幼儿园财务管理的意义

【解析】有利于科学合理地调节幼教资金指的是,要求幼儿园财务管理必须从实际出发,使幼教资源的配置更具有针对性,也更富有效益。这便是幼教财务管理的调节功能。

18.【答案】D

【考点】幼儿园财务管理的任务

【解析】检查考核作用是指,检查经费是否保证了幼儿园工作的需要,是否促进了各项事业的发展,是否贯彻了勤俭办园的方针,有无铺张浪费现象,从中总结经验,吸取教训,改进工作,提高幼儿园财务管理的水平。

19.【答案】B

【考点】家长工作的形式

【解析】家访一般安排在学期初或学期末,是入园之初最常采用的家长工作方式,主要是为了了解幼儿家庭环境、家庭教育状况、幼儿在家中的表现等。

20.【答案】B

【考点】遵循家长工作的基本原则

【解析】"全面开展,注重差异"原则表现在:每个幼儿都有独特的身心发展特点,每个家庭都有特有的教养方式,教师要充分了解幼儿,了解家庭特点,与家长沟通、合作,制订适宜的教育方案。

21.【答案】B

【考点】幼儿园社区工作的内容和方式

【解析】争取社区内物力支持可以根据教育情况,带幼儿到社区的博物馆、图书馆、美术馆、展览馆、科技馆、体育馆、公园等地去参观,增加幼儿社会、历史、文化、艺术、体育等方面的感性知识。

22.【答案】D

【考点】幼儿园的组织形象

【解析】由外部特征,如招牌、门面、徽标、广告、物质环境等,表现出来的形象称表层形象。

23.【答案】C

【考点】幼儿园组织文化建设的策略

【解析】园长是幼儿园组织文化建设的灵魂,他(她)的价值观、人格特征、品德修养、行为方式和习惯对全体教职员工都产生很大的影响,对建设组织文化有至关重要的作用。

24.【答案】D

【考点】园长的素质

【解析】良好的道德修养和工作作风要求园长应做到实事求是,坚持真理,修正错误;公正廉洁,艰苦奋斗,严于律己,以身作则。

25.【答案】B

【考点】园长专业发展阶段

【解析】适应期是园长担任职务后,适应环境、掌握管理经验和规律、从被动适应到主动发展的时期。

二、多项选择题

26.【答案】AC

【考点】幼儿园管理过程的个性——育人的目的性

【解析】幼儿园的组织活动中并存着两种过程,即教育过程和管理过程,两者的目的是共同的和一致的,那就是促进儿童身心全面、健康发展,为其终身发展奠定良好的素质基础。

27.【答案】ABC

【考点】幼儿园人力资源管理实施

【解析】绩效考核是人力资源管理工作重要且不可缺少的一环,它保证了组织目标的实现和任务的完成,为人力资源管理决策提供信息和依据。幼儿园教职员工的绩效考核包括业绩考评、能力考评和态度考评。

28.【答案】ABCD

【考点】教育财务管理的重要性

【解析】在实践中,"经费""人事""组织"及"管理"均为教育行政工作运作的基本条件,其中"经费"一项尤为重要。

29.【答案】ABCD

【考点】幼儿园的组织精神

【解析】"幼儿园个性",包括幼儿园的价值观念、发展目标、服务方针和经营特色等基本性质。

30.【答案】ABCD

【考点】幼儿园精神文化

【解析】精神文化是幼儿园文化的内核,具体包括全体员工认同的管理哲学、价值观念、组织精神和道德。

第二部分　非选择题(70分)

三、名词解释题

31. 幼儿园计划就是为实现幼儿园工作的任务和目标而对幼儿园工作的内容、规划、步骤、方式方法以及资源配置等的通盘预先安排和谋划。

32. 执行是将计划变为行动,将设想转化为现实的管理活动。

33. 幼儿园组织机构可理解为:按幼儿教育目的和程序而组成的相互合作的层级、部门和个人所构成的系统。作为一种实体组织,它是为实现特定的教育目标,根据一定的原则而构建起来的体系与机构。

34. 人力资源规划是组织的发展战略和经营计划,评估组织的人力资源现状及发展趋势,收集和分析人力资源供给与需求方面的信息和资料,预测人力资源供给和需求的发展趋势,制订人力资源招聘、调配、培训、开发及发展计划等。

35. 幼儿园财务管理,是指幼儿园组织财务活动与处理财务关系的管理,是按照国家财政法规的要求,依据幼儿教育事业的发展计划,对预算内、外资金的筹措、计划、组织、使用、监督、调节等工作的管理。

四、简答题

36. (1)学习和研究幼儿园管理是幼教事业发展的客观需要。

(2)学习和研究幼儿园管理是改革幼儿教育、全面提高保教质量的需要。

(3)学习和研究幼儿园管理是探索规律、发展学前教育管理理论的需要。

(4)学习和研究幼儿园管理是提高人才素质和管理水平的需要。

37. (1)应以目标、计划为依据,对照工作结果,判定工作成绩与不足。

(2)总结要有群众参加,发挥总结的教育激励作用。

(3)总结要注意探索规律。

(4)总结应能为下一阶段工作提供依据并指明方向。

38. 幼儿园教师管理的策略有:

(1)有进有出、能上能下,建立人员流动机制。

(2)建立和谐的人际关系,营造宽松的组织氛围。

(3)尊重理解、关心爱护,创设良好的心理环境。

(4)形成独特的幼儿园文化,提升教师的团队精神。

39. 幼儿园健康工作管理的内容有:

(1)环境管理。

(2)健康管理。

(3)生活活动管理。

(4)健康教育指导。

40. (1)认识到位,明确与家长工作的重要意义。

(2)加强家长工作的计划性。

(3)注重家长工作制度建设。

(4)明确岗位职责,注重培训和指导。

五、论述题

41. 组织文化建设对幼儿园发展的重要意义有:

(1)组织文化有导向作用。

所谓导向作用,就是通过组织文化对组织的领导者和职工起引导作用。幼儿园组织文化的导向作用主要体现在以下两个方面:

第一,教育哲学和价值观念的指导。幼儿园共同的价值观念规定了幼儿园的价值取向,使员工对事物的评判达成共识,并为他们所认定的价值目标去行动。

第二,幼儿园目标的指引。幼儿园的目标代表着幼儿园发展的方向,没有正确的目标就等于迷失了方向。组织文化会让幼儿园从实际出发,以科学的态度确定可行的、科学的发展目标,所有教职员工则以此目标为指导从事教育活动。

（2）组织文化有凝聚作用。

组织文化以人为本,尊重人的感情,从而在幼儿园中营造一种团结友爱、相互信任的和睦气氛,强化团体意识,使幼儿园教职工之间形成强大的凝聚力和向心力。"园兴我荣,园衰我耻"成为每个教职工发自内心的共识,"爱园如家"就会变成他们的实际行动。

（3）组织文化有激励作用。

自我价值的实现是人的最高精神需求,在幼儿园中如果形成共同的价值观念,使每个教职工都感到自己存在的价值,这种满足必将成为强大的激励因素。

另外,幼儿园的精神和形象对员工有着极大的鼓舞作用,特别是幼儿园的组织文化在社会上产生影响时,员工会产生强烈的荣誉感和自豪感,他们会加倍努力,用自己的实际行动去维护幼儿园的荣誉和形象。

（4）组织文化有约束作用。

幼儿园组织文化的约束作用主要通过完善管理制度和道德规范来实现。幼儿园制度是组织文化建设的内容之一,制度是幼儿园的内部法规,幼儿园的领导者和全体教职员工必须遵守和执行,从而形成约束力。另外,在制度约束的同时,组织文化会使幼儿园形成道德规范,即从伦理关系的角度来约束幼儿园领导者和职工的行为。

（5）组织文化对社会和其他幼儿园有辐射作用。

组织文化不止在本幼儿园起作用,它也能通过各种渠道对社会,对其他幼儿园产生影响。辐射的渠道很多,主要包括传播媒体、公共关系活动等。

42. 园长有效运用权力的策略有以下几个方面：

（1）协调执行规章制度时的"法"与"情"。

执行规章制度,一方面要执"法",就是园长要带头执行,倡导制度面前人人平等,严格按照制度办事,保证制度的权威性;另一方面要量"情",就是要以人为本,结合具体情况做具体分析,根据实际情况不断修订、完善制度。

（2）提高自身的非权力性影响力。

园长领导力由两部分构成:权力性影响力和非权力性影响力。

所谓非权力性影响力是由领导者自身所表现出来的良好的品格、卓越的才能、丰富的知识和经验、真挚而友善的感情因素构成的。非权力影响力属于自然性影响力,是内在的,能反映出领导者的素质。这种影响力是自然产生的,是非强制性的,主要来自教职工对园领导者的敬佩、信服、爱戴,能够对教职工的心理和情感产生比较深刻的影响作用,有利于良好管理氛围的形成。

（3）善于用人。

园长是领导者,不一定样样精通,但要知人善任,要清楚哪方面工作用哪些人,努力营造有利于造就人才、人尽其才的氛围。在幼儿园内部管理体制改革中,园长要大胆探索,努力形成符合幼儿园管理特点的用人机制、竞争机制、激励机制、约束机制、评价机制和分配机制等,用机制影响、约束教职工的教育、教学行为,从深层次上解决调动教职工积极性的问题。

（4）有效的授权。

所谓授权，就是领导者把所属权力按照规定和工作需要授予下级，从而给下级提供完成任务所必需的权限。

有效的授权，既是运用权力的一种艺术，也是领导教职工的一种重要方式。园长在管理时，特别要善于分工授权，并要把握以下几点：① 要因事用人，视能授权；② 明确职责范围；③ 在授权时，要确定自己保留的权力；④ 授权后，要进行必要的监督和控制。

六、案例分析题

43.（1）朱老师不敢与家长沟通，缺乏沟通技巧。

（2）首先在思想上，教师要认识到家长工作的重要性，调整好心态，以积极主动的态度对待家长工作。朱老师应该克服内心的恐惧，尝试主动与家长联系，不能逃避家长工作。

与家长真诚合作，尝试赢得家长的信任。在策略上，教师要掌握基本的沟通技巧，与家长建立良性互动关系。教师要主动及时地与家长沟通，家长最关心的就是孩子的身心健康及发展问题，要用心关注、观察幼儿，掌握幼儿在园的表现情况，以便有针对性地与家长沟通，这样家长能及时了解幼儿的情况，教师也能够得到家长的理解和配合。

（结合材料作答）

模拟演练试卷（二）

第一部分　选择题(30分)

一、单项选择题:本大题共 25 小题,每小题 1 分,共 25 分。在每小题列出的备选项中只有一项是最符合题目要求的,请将其选出。

1. 维护和发展生产关系与上层建筑的管理职能,体现了管理的(　　)。
   A. 社会属性　　　　　　　　　　　B. 自然属性
   C. 人文属性　　　　　　　　　　　D. 生态属性

2. 幼儿园的主要功能是(　　)。
   A. 游戏　　　　　　　　　　　　　B. 教学
   C. 保育　　　　　　　　　　　　　D. 保育和教育幼儿

3. 幼儿园管理的首要原则是(　　)。
   A. 民主管理原则　　　　　　　　　B. 有效性原则
   C. 方向性原则　　　　　　　　　　D. 整体性原则

4. 幼儿园管理过程的个性体现在(　　)。
   A. 目标的具体性　　　　　　　　　B. 育人的目的性
   C. 环节的完整性　　　　　　　　　D. 过程的渗透性

5. 在制订幼儿园工作计划时,要充分认识园内外环境,处理好三方面的关系,即上级指示、社会环境和(　　)。
   A. 社区环境　　　　　　　　　　　B. 本园实际
   C. 家庭环境　　　　　　　　　　　D. 幼儿实际

6. 有意识调整了两个人或更多人的行为或各种力量的系统是(　　)。
   A. 单位　　　　　　　　　　　　　B. 部门
   C. 组织　　　　　　　　　　　　　D. 机构

7. 下列各选项中不是根据幼儿园的目标和章程而建立起来的系统是(　　)。
   A. 党支部　　　　　　　　　　　　B. 工会
   C. 研究小组　　　　　　　　　　　D. 兴趣小组

8. 下列各项中不属于制定规章制度的基本要求的是(　　)。
   A. 科学可行　　　　　　　　　　　B. 完整简洁
   C. 相对稳定　　　　　　　　　　　D. 合法合理

9. 管理心理学的双因素理论认为,引起人行为动机的因素有两种:一是保健因素,另一个是(　　)。

　　A. 安全因素　　　　　　　　　　　B. 心理因素

　　C. 环境因素　　　　　　　　　　　D. 激励因素

10. 人力资源管理的中心环节是(　　)。

　　A. 人力资源规划　　　　　　　　　B. 人力资源制度建设

　　C. 人力资源管理总结　　　　　　　D. 人力资源管理实施

11. 劳动管理依据的主要法律是(　　)。

　　A.《中华人民共和国劳动合同法》　　B.《中华人民共和国就业促进法》

　　C.《中华人民共和国劳动法》　　　　D.《中华人民共和国社会保险法》

12. 幼儿园全部工作的中心是(　　)。

　　A. 行政工作　　　　　　　　　　　B. 总务工作

　　C. 保教工作　　　　　　　　　　　D. 外事工作

13. 教科研活动的实现总是依附于一定的(　　)。

　　A. 目标　　　　　　　　　　　　　B. 规则

　　C. 组织　　　　　　　　　　　　　D. 制度

14. 下列各选项中不属于幼儿园物质环境的是(　　)。

　　A. 建筑风格　　　　　　　　　　　B. 林荫斜径

　　C. 教育设施　　　　　　　　　　　D. 生活氛围

15. 在少年儿童意外死亡原因中所占比例最大的是(　　)。

　　A. 交通事故　　　　　　　　　　　B. 火灾

　　C. 溺水　　　　　　　　　　　　　D. 触电

16. 幼儿园经费预算对幼儿园经费的用款额度及具体用途做出规定安排,各部门班组、各责任人必须遵照执行。这体现了经费预算具有(　　)。

　　A. 计划目标作用　　　　　　　　　B. 分配协调作用

　　C. 执行控制作用　　　　　　　　　D. 检查考核作用

17. 幼儿园的工程建设、大型设备器具购置等方面的费用属于(　　)。

　　A. 基本建设费　　　　　　　　　　B. 材料费

　　C. 成本费　　　　　　　　　　　　D. 经常费

18. 幼儿园户外活动场地面积宜为人均(　　)。

　　A. 1 平方米　　　　　　　　　　　B. 2 平方米

　　C. 3 平方米　　　　　　　　　　　D. 4 平方米

19. 幼儿学习生活的两个最重要的环境是家庭和(　　)。

　　A. 幼儿园　　　　　　　　　　　　B. 社会

　　C. 儿童游乐场　　　　　　　　　　D. 公共场所

20. 社区对幼儿教育支持的方式中不包括(　　)。

　　A. 财力支持　　　　　　　　　　　B. 物力支持

C. 人力支持　　　　　　　　　　　　　D. 信息支持

21. 幼儿园组织文化的核心是(　　)。

　　A. 组织面貌　　　　　　　　　　　　B. 组织精神

　　C. 组织制度　　　　　　　　　　　　D. 组织观念

22. 员工是否有时间观念,是否能够建立和谐、融洽的同事关系,对待家长是否热情周到等体现的是(　　)。

　　A. 幼儿园物质文化　　　　　　　　　B. 幼儿园行为文化

　　C. 幼儿园制度文化　　　　　　　　　D. 幼儿园精神文化

23. 幼儿园成员在日常工作中能够自觉遵守相关规章制度、工作程序和一些非正式却普遍认同的行为方式,以维护幼儿园的利益为出发点,以是否被集体、同事信任和接受作为自己行为的标准。这表明幼儿园此时已进入了组织文化建设的(　　)。

　　A. 成熟和稳定时期　　　　　　　　　B. 群体认同时期

　　C. 创建时期　　　　　　　　　　　　D. 骨干队伍建设时期

24. 质量是幼儿园生存和发展的(　　)。

　　A. 基石　　　　　　　　　　　　　　B. 生命线

　　C. 最终目标　　　　　　　　　　　　D. 指导方针

25. 幼儿园最根本的理念是(　　)。

　　A. 一切为了孩子,为了孩子的一切

　　B. 努力提高自己的个人素质,具备高尚的道德素养

　　C. 具有服务幼儿、服务社会、服务国家的社会责任感和使命感

　　D. 立德树人,关爱幼儿,尊重教职工,为人师表

二、多项选择题:本大题共 5 小题,每小题 1 分,共 5 分。在每小题列出的备选项中至少有两项是符合题目要求的,请将其选出,错选、多选或少选均无分。

26. 幼儿园要充分挖掘并合理利用、协调多方教育资源,发挥管理效能,求得统一的(　　)。

　　A. 生产力　　　　　　　　　　　　　B. 生产关系

　　C. 社会效益　　　　　　　　　　　　D. 经济效益

　　E. 生产效益

27. 下列各选项中不属于幼儿园管理岗位人才的有(　　)。

　　A. 园长　　　　　　　　　　　　　　B. 厨师

　　C. 保育员　　　　　　　　　　　　　D. 事务人员

　　E. 副园长

28. 幼儿健康教育的方法一般有(　　)。

　　A. 观摩　　　　　　　　　　　　　　B. 共同讨论

　　C. 动作技能练习　　　　　　　　　　D. 自我学习

　　E. 感知体验

29. 幼儿园家长工作的制度包括(　　)。

A. 家长委员会制度　　　　　　　　B. 家长会制度

C. 家访制度　　　　　　　　　　　D. 家长开放日制度

E. 日常性家园联系制度

30. 园长负责制明确了园长对园所工作具有(　　)。

A. 奖惩权　　　　　　　　　　　　B. 用财权

C. 最高行政权　　　　　　　　　　D. 决策指挥权

E. 用人权

第二部分　非选择题(70分)

三、名词解释题:本大题共5小题,每小题3分,共15分。

31. 全园计划

32. 人力资源管理

33. 保育

34. 幼儿园健康工作管理

35. 组织文化

四、简答题:本大题共5小题,每小题5分,共25分。

36. 简述幼儿园的聘用原则。

37. 简述幼儿园教职员工的绩效考核方式。

38. 简述幼儿园教科研管理的任务。

39. 简述幼儿园财务管理的原则。

40. 简述幼儿园做好社区工作的重要意义。

五、论述题:本大题共2小题,每小题10分,共20分。

41. 试述幼儿园管理的特殊性。

42. 试述人事相宜原则的含义及其实施的注意事项。

六、案例分析题:本大题共1小题,10分。

43. 案例:最近,某市教育局频繁接到家长对辖区内幼儿园的投诉。该幼儿园被投诉变相强制收取"赞助费",如果家长不按幼儿园的要求交赞助费,自己的孩子就上不了该幼儿园。在幼教资源尤其是优质的幼教资源紧缺的情况下,家长只能被迫"自愿"缴纳这笔费用。而这笔费用交到幼儿园之后,基本上没有任何监管机制。虽然,有些地方政府明令禁止收取赞助费,规定了"一费制",但是这种堵的方法根本不具有可操作性,实践中很多幼儿园都在钻制度的空子。

问题:请结合案例分析幼儿园经费来源多元化的意义和可能带来的问题。

模拟演练试卷（二）答案及解析

第一部分　选择题（30分）

一、单项选择题

1.【答案】A

【考点】管理具有二重性

【解析】管理的社会属性主要表现为维护和发展生产关系与上层建筑的管理职能。

2.【答案】D

【考点】幼儿园性质和功能的探讨

【解析】保育和教育幼儿是幼儿园的主要功能,也是幼儿园的首要任务。

3.【答案】C

【考点】方向性原则

【解析】管理是一种有目的的活动,它总是指向一定的目的和目标。幼儿园管理活动也必然朝向某种目标进行,具有特定的方向。幼儿园以符合保教宗旨、实现保教目标为根本,这就是幼儿园管理的首要原则,也称方向性原则。

4.【答案】B

【考点】幼儿园管理过程的特点

【解析】幼儿园管理过程的个性是由幼儿园自身的性质和任务所决定的,体现在育人的目的性。

5.【答案】B

【考点】制订幼儿园工作计划的依据

【解析】园领导制订计划的过程是主、客观条件统一的过程,即主观愿望和客观环境及条件的有机结合的过程。因此,在制订幼儿园工作计划时,要充分认识园内外环境,处理好上级指示、社会环境和本园实际三方面的相互关系。

6.【答案】C

【考点】幼儿园组织的含义

【解析】组织是有意识调整了两个人或更多人的行为或各种力量的系统。

7.【答案】D

【考点】幼儿园正式组织与非正式组织的概念

【解析】幼儿园正式组织是根据幼儿园的目标和章程而建立起来的系统,它是实现幼儿园保教目标的载体,是组织成员长时间置身其中、作用明显而直接的社会群体。如党支部、团支部、工会、研究小组等群众团体,本质上也是正式组织。

8.【答案】D

【考点】制定幼儿园规章制度的基本要求

【解析】幼儿园规章制度的制定,应遵循以下基本要求:目的明确、有法必依、科学可行、以人为本、完整简洁、相对稳定。

9.【答案】D

【考点】幼儿园教师激励

【解析】管理心理学的双因素理论认为,引起人行为动机的因素主要有两种:一种叫保健因素,如工作条件、人事关系、工资待遇等;另一种叫激励因素,如工作责任的大小、个人成就的高低、工作成绩的认可等。

10.【答案】D

【考点】幼儿园人力资源管理实施

【解析】幼儿园人力资源管理实施是人力资源管理的中心环节,包括人员的选聘、使用、培训及发展等。

11.【答案】C

【考点】劳资关系的管理

【解析】劳动管理依据的主要法律是《中华人民共和国劳动法》以及与之相配套的相关法规。

12.【答案】C

【考点】幼儿园保教工作管理概述

【解析】保教工作是幼儿园全部工作的中心。

13.【答案】C

【考点】幼儿园教科研工作管理的内容

【解析】教科研活动总是依附于一定的组织来实现。

14.【答案】D

【考点】环境管理

【解析】物质环境是指园所建筑、布局等,如周边环境、建筑风格、花圃草坪、林荫斜径、教育设施、教玩具布置等。精神环境包括生活氛围、人际关系、精神风貌、规章制度等。

15.【答案】C

【考点】幼儿园安全教育

【解析】溺水,在少年儿童意外死亡原因中所占比例最大。

16.【答案】B

【考点】经费预算的作用

【解析】分配协调作用是指,幼儿园经费预算对幼儿园经费的用款额度及具体用途做出规定安排,各部门班组、各责任人必须遵照执行。

17.【答案】A

【考点】幼儿园经费分类

【解析】基本建设费是为实现固定资产的再生产所需的经费,如工程建设、大型设备器具的购置等。

18.【答案】C

【考点】幼儿园户外活动环境的创设

【解析】户外活动场地以人均面积3平方米为宜。

19.【答案】A

【考点】幼儿园家长工作的重要意义

【解析】幼儿园与家庭是幼儿学习生活的两个最重要环境,幼儿园做好家长工作,家园双方相互配合,共同保育教育好幼儿,是幼儿园管理工作的重要内容。

20.【答案】D

【考点】幼儿园社区工作的内容和方式

【解析】社区对幼儿教育支持包括人力支持、物力支持和财力支持等三种方式。

21.【答案】B

【考点】幼儿园的组织精神

【解析】幼儿园的组织精神是现代意识与幼儿园个性结合的一种群体意识。幼儿园组织精神要通过全体员工有意识的实践活动体现出来,因此,它又是员工观念意识和进取心理的外化,是指导和支配员工行为的内在力量。可以说,组织精神是组织文化的核心,在整个组织文化中起着支配作用。

22.【答案】B

【考点】幼儿园行为文化

【解析】幼儿园的行为文化主要是组织活动和组织成员行为规范的体现。如员工是否有时间观念,是否能够建立和谐、融洽的同事关系,对待家长是否热情周到,对待幼儿是否有耐心和爱心,部门之间是否能团结协作等。

23.【答案】A

【考点】幼儿园组织文化建设的阶段

【解析】能在日常工作和生活中自觉执行幼儿园的规章制度、工作程序和一些非正式却普遍认同的行为方式,以维护幼儿园的利益为出发点,以是否被集体、同事信任和接受作为自己行为的标准。这个时候就进入了组织文化的成熟和稳定时期。

24.【答案】B

【考点】园长的角色

【解析】质量是幼儿园生存和发展的生命线,园长的角色成为办园水平和保教质量的第一责任人。

25.【答案】A

【考点】园长的管理理念及其含义

【解析】在幼儿园,最根本的理念就是"一切为了孩子,为了孩子的一切"。

二、多项选择题

26.【答案】CD

【考点】幼儿园管理的特殊性

【解析】充分挖掘并合理利用、协调多方教育资源,发挥管理效能。从微观角度来说,幼儿园管理要充分挖掘并合理利用、协调多方教育资源,发挥管理效能,求得社会效益和经济效益的统一。

27.【答案】BC

【考点】幼儿园管理岗位人才招聘与录用

【解析】幼儿园管理岗位是指幼儿园园长、副园长、事务人员及其他工作人员。

28.【答案】ABCDE

【考点】幼儿健康教育指导

【解析】幼儿健康教育的方法一般有观摩、共同讨论、自我学习、动作技能练习、感知体验等。

29.【答案】ABCDE

【考点】幼儿园家长工作的管理与指导

【解析】家长工作的制度包括:日常性家园联系制度、家访制度、家长会制度、家长开放日制度、家长委员会制度等。

30.【答案】ABCDE

【考点】园长负责制的结构与功能

【解析】园长负责制明确了园长对园所工作具有最高行政权、决策指挥权、用人权、用财权与奖惩权等,在托幼园所处于中心地位。

第二部分　非选择题(70分)

三、名词解释题

31. 全园计划是指规定全园在计划期间要达到目标和任务,并对各项工作提出基本要求和工作重点,对各部门、各班级工作具有指导作用。

32. 人力资源管理,是指对人力资源的取得、开发、保持和利用等方面所进行的计划、组织、指挥和控制的活动。同时,人力资源管理还必须解决人力资源方面的深层次的问题,调节组织中人与人的关系,人与事的配合,以及充分调动人的积极性,充分开发人的潜能,提高工作效率,改进工作质量等。

33. "保育"就是精心照料幼儿生活,保护幼儿健康,包括建立健全科学合理的饮食、睡眠等生活制度;注意个人和环境卫生,预防疾病,保证安全;科学开展体育锻炼,增强幼儿体质,培养良好的生活习惯,以及维护幼儿心理健康等。

34. 幼儿园健康工作管理是为保证幼儿和教职工身心健康发展而提供积极的健康服务和良好的健康教育,并对危害个人或人群健康的因素进行预防、干预的过程。

35. 组织文化是组织在一定的社会政治、经济、文化背景条件下,组织在生产与工作实践过程中创造或逐步形成的,为组织成员普遍认可和遵守的具有本组织特色的价值观念、行为准则、团体意识、工作态度和思维模式的总和。

四、简答题

36.(1)园长负责原则。

(2)部门协作的原则。

(3)按编聘用的原则。

(4)资格准入原则。

(5)竞争择优原则。

37.(1)上级考评。

(2)同事考评。

(3)家长考评。

(4)自我考评。

(5)幼儿考评。

38.(1)组织教师进行业务学习。

(2)组织交流活动。

(3)集体备课。

(4)研究教育实践中遇到的热点、难点问题。

(5)编写教材,设计教学活动。

(6)开展课题研究。

39.(1)坚持贯彻执行国家财经法规以及幼儿园财务规章制度。

(2)坚持勤俭办园的方针。

(3)正确处理幼教事业的发展和资金供给的关系。

(4)正确处理国家、集体和个人三者利益的关系。

40.(1)有利于共同营造促进幼儿全面发展的良好教育环境。

(2)有利于推动社区学前教育的发展。

(3)有利于弘扬和践行社会主义核心价值观。

五、论述题

41.幼儿园管理的特殊性具体表现在:

(1)保教儿童与服务家长兼顾。

教养儿童与服务家长兼顾是幼儿教育不同于其他阶段教育的特点,也是幼儿园管理与其他管理活动的最大区别。

一方面,幼儿园是我国国民教育体系的一部分,但它又明显地不同于小学、中学,幼儿身心发展的特殊性决定了幼儿教育的特殊性,幼儿园的孩子不是严格意义上的学生,对他们需要保育与教育并行,以游戏为基本活动。另一方面,幼儿教育的福利性决定了幼儿园要为家长提供育儿服务。

幼儿园管理要依据幼儿园教育的特殊性,实施和探索相应的管理方式和方法,以提高保教质量和为家长服务的水平,办人民满意的幼儿园。

① 要坚持保教合一,全面提高保教质量。

② 幼儿园要为家长参加工作、学习提供便利条件。

③ 管理的特殊性不仅表现在管理的任务目标上,也体现在管理内容的特殊性上。

(2)注重综合协调,强调管理的社会化。

幼儿园的管理不可能仅仅靠教育行政部门,需要将行业化管理与社会化管理相结合,纵向管理和横向联系相结合。

(3)充分挖掘并合理利用、协调多方教育资源,发挥管理效能。

42.(1)人事相宜原则的含义。

所谓人事相宜,就是"人适其事、事宜其人",根据个体间不同的素质和要求,将其安排在各自最合适的岗位上,保持个体素质与工作岗位要求的一致性,从而实现"因事择人,以人治事,人知其事,事得其人,人事两立"这样一种人事配合关系。人事相宜原则,是人力资源管理应该遵循的最基本的原则。

(2)贯彻人事相宜原则应注意的问题。

① 知事,就是对人事关系中的事做到全面准确地掌握。人事关系中的"事"是一个比较大的概念,它包括人事关系中除了人以外的所有部分。

② 知人,就是选拔符合岗位要求的员工来承担相应的工作,并且对岗位上的员工赋予相应的权利和义务。

③ 掌握一定的用人方法和艺术。

六、案例分析题

43.(1)幼儿园办园经费来源的多元化,既给幼儿园带来了一定的财政权限,同时也在一定程度上改善了幼儿园的办园条件。

(2)经费来源的多元化也可能会带来一定的问题:一部分幼儿园在经费收入方面操作不规范,从而严重损害了家长和幼儿的利益。

(3)无论是何种性质的幼儿园,向幼儿家长所收取的经费,一定要符合国家政策的要求,符合各地教育行政部门和物价部门所核定的收费标准,不能因乱收费而给幼教事业的发展带来不良的社会影响。

(结合材料作答)

郑重声明

高等教育出版社依法对本书享有专有出版权。任何未经许可的复制、销售行为均违反《中华人民共和国著作权法》,其行为人将承担相应的民事责任和行政责任;构成犯罪的,将被依法追究刑事责任。为了维护市场秩序,保护读者的合法权益,避免读者误用盗版书造成不良后果,我社将配合行政执法部门和司法机关对违法犯罪的单位和个人进行严厉打击。社会各界人士如发现上述侵权行为,希望及时举报,我社将奖励举报有功人员。

反盗版举报电话 (010)58581999 58582371

反盗版举报邮箱 dd@hep.com.cn

通信地址 北京市西城区德外大街4号
　　　　　高等教育出版社法律事务部

邮政编码 100120

读者意见反馈

为收集对教材的意见建议,进一步完善教材编写并做好服务工作,读者可将对本教材的意见建议通过如下渠道反馈至我社。

咨询电话 400-810-0598

反馈邮箱 gjdzfwb@pub.hep.cn

通信地址 北京市朝阳区惠新东街4号富盛大厦1座
　　　　　高等教育出版社总编辑办公室

邮政编码 100029

防伪查询说明

用户购书后刮开封底防伪涂层,使用手机微信等软件扫描二维码,会跳转至防伪查询网页,获得所购图书详细信息。

防伪客服电话 (010)58582300